国外农业丛书

主编 晋保平 张宇燕

国外的畜牧业

裘 望 编著

中国社会出版社

图书在版编目(CIP)数据

国外的畜牧业/裘望编著. —北京:中国社会出版社,2006.9

(国外农业/晋保平,张宇燕主编)

ISBN 978-7-5087-1529-2

Ⅰ.国… Ⅱ.裘… Ⅲ.畜牧业经济-经济发展-概况-世界

Ⅳ.F316.31

中国版本图书馆 CIP 数据核字(2006)第 112654 号

丛 书 名:国外农业

主　　编:晋保平　张宇燕

书　　名:国外的畜牧业

编 著 者:裘　望

责任编辑:许　娓

出版发行:中国社会出版社　　　邮政编码:100032

通联方法:北京市西城区二龙路甲 33 号新龙大厦

电　话:(010)66080300　　(010)66083600

(010)66085300　　(010)66063678

邮购部:(010)66060275　　电　传:(010)66051713

网　　址:www.shcbs.com.cn

经　　销:各地新华书店

印刷装订: 北京华创印务有限公司

开　　本: 140mm×203mm　1/32

印　　张: 5.5

字　　数: 127 千字

版　　次: 2006 年 9 月第 1 版

印　　次: 2014 年 7 月第 5 次印刷

定　　价: 9.00 元

总序　造就新农民 建设新农村

李学举

党的十六届五中全会作出了建设社会主义新农村的战略部署。在社会主义新农村建设过程中，大力发展农村文化事业，努力培养有文化、懂技术、会经营的新型农民，既是新农村建设取得进展的重要标志，也是把社会主义新农村建设不断推向前进的基本保证。

为落实中央的战略部署，中央文明办、民政部、新闻出版总署、国家广电总局决定，将已开展三期的“万家社区图书室援建和万家社区读书活动”由城市全面拓展到农村，“十一五”期间计划在全国三分之一以上的村委会开展农村图书室援建和读书活动，使两亿多农民由此受益，让这项造福城市居民的民心工程同时也造福亿万农民群众。中央领导同志对此十分重视，中共中央政治局委员、国务院副总理回良玉同志作出重要批示：“发展农村文化事业是新农村建设的重要内容，也是农村发展中一个亟待加强的薄弱环节。在农村开展图书室援建和读书活动，为亿万农民群众送去读得懂、用得上的各种有益书刊，对造就有文化、懂技术、会经营的新型农民，满足农民全面发展的需求，将发挥重要作用。对这项事关农民切身利益、事关社会主义新农村建设的重要活动，要精心组织，务求实效。”

中共中央政治局委员、中央书记处书记、中宣部部长刘云山同志也作出重要批示。他指出："万家社区图书室援建和万家社区读书活动，是一项得人心、暖人心、聚人心的活动，对丰富城市居民的文化生活、推动学习型社区建设发挥了重要作用。这项活动由城市拓展到农村，必将对丰富和满足广大农民群众的精神文化生活，推动社会主义新农村建设发挥积极作用。要精心组织，务求实效，把这件事关群众利益的好事做好。"

为了使活动真正取得实效，让亿万农民群众足不出村就能读到他们"读得懂、用得上"的图书，活动的主办单位精心组织数百名专家学者和政府相关负责人，编辑了"建设社会主义新农村书屋"。"书屋"共分农村政策法律、农村公共管理与社会建设、农村经济发展与经营管理、农村实用科技与技能培训、精神文明与科学生活、中华传统文化道德与民俗民风、文学精品与人物传记、农村卫生与医疗保健、农村教育与文化体育、农民看世界等10大类、1000个品种。这些图书几乎涵盖了新农村建设的方方面面。"书屋"用农民的语言、农民的话，深入浅出，使具有初中文化水平的人就能读得懂；"书屋"贴近农村、贴近农民、贴近农村生活的实际，贴近农民的文化需求，使农民读后能够用得上。

希望农村图书室援建和农村读书活动深入持久地开展下去，使活动成为一项深受欢迎的富民活动，造福亿万农民。希望"书屋"能为农民群众提供一个了解外界信息的窗口，成为农民学文化、学科技的课堂，为提高农民素质，扩大农民的视野，陶冶农民的情操发挥积极作用。同时，也希望更多有识之士参与这项活动，推动农村文化建设，关心支持社会主义新农村建设。

目　录

第一章　国外畜牧业概览

第一节　畜牧业的产生

一、畜牧业的诞生

畜牧业是从事动物饲养繁殖和动物产品的生产、加工、流通的产业，是农业的重要组成部分。畜牧业包括牛、马、猪、羊、鸡、鸭等家畜的饲养业和鹿、麝、狐、貂等经济兽类的驯养业。畜牧业可为人民生活提供肉类、蛋品、乳品等副食品，为轻工业提供皮、毛、羽、骨等原料，并以役畜和有机肥料支援种植业。

原始畜牧业起源于狩猎，这一点是没有疑问的，但具体过程人们还不很清楚。一种普遍的说法是，随着狩猎的发展，有时候人们猎获到较多的动物，一时吃不完，就先养起来留待以后再吃，由此逐渐使动物驯化，原始畜牧业由此产生。随着采集狩猎经济的发展，一方面人口在增加，另一方面人们狩猎的本领也在增强，虽然当时进步的速度缓慢，但是在经过二三百万年的时间后，这种进步就相当可观了。结果之一就是野生动物资源大大减少，要找到狩猎对象越来越难。这时候人们就想到增强狩猎能力，提高狩猎效率。与此同时，一种后来人们称之为狗的动物首先被驯化了。具体驯化方法大概跟今天马戏团训练动物表演节目的方法差不多。再往后，随着狩猎资源进一步趋于枯竭，以及种植业的发明提供了一定数量的副产品的情况下，人们自然会想到把驯养狗的经验和知识移到其他动物的驯养上，原始畜牧业就这样自然地来到了人世。狗、山羊最早被驯化，其次是猪、牛、驴、马，然后是鸡。世界各地驯化野生动物为家畜的时间并不是一致的。以狗的驯化为例，美洲约在距今 14,000 年至 9000 年间，伊朗约在距今 11,000 年前，丹麦约在距今 6800 年左右，中国约在距今 6000 年前。中国是最早驯养家畜的地区之一，在距今约 7000 年至 6000 年前的河姆渡遗址中，就有大量的家猪化石出土。约在距今 5000 至 4000 年前，中国驯化了野鸡。

真正的畜牧业是从新石器时代开始的。伊朗西部阿里·库什等遗址的动物骨骼表明，公元前 7000 年前后，西亚已饲养绵羊和山羊。与此同时，西亚和欧洲的希腊等地还开始饲养猪。土耳其的恰约尼遗址是最早饲养猪的地点。西亚和希腊也是最早饲养牛的地区。土耳其的恰塔尔·休于，希腊的尼阿·尼科美弟亚、阿吉萨等地都发现早期家养牛的骨骼。距今 7000 年前，中国的河姆渡是最早养马的地区。公元前 4000 年，南美印第安人驯化了骆马和羊驼。

原始畜牧业的出现，不仅丰富了原始人的肉食，而且还提供了大量的乳类、油脂、皮、毛、骨等产品，有些被驯养的动物还可以役用，使人类能够通过自己的劳动来增加动植物的生产，生活有了保障，人口不断增长，原始人开始过着比较安定的生活。随着被驯养的牲畜日益增加，出现了较大规模的畜群。在那些适于畜牧的地区，原始人开始了畜牧生活。他们沿着河流走向肥沃的草原，并逐渐从其他部落中分离出来。

从原始狩猎到原始畜牧业，到传统畜牧业，再到现代化畜牧业，是人类取得畜产品的方式所经历的几个主要阶段。狩猎表明人类已从躲避强大、敏捷于自己的野兽进入了制胜野兽的阶段，是促进工具的产生和改进的重要动力。但是，狩猎技术的发展虽然提高了效率，但也降低了野兽的再生产，所以狩猎不能作为人类生存的长远依靠。原始畜牧业就是从制胜野兽进入驯服野兽，从依靠猎物进入依靠生产畜产品的阶段。原始畜牧业主要利用天然饲料，实行游牧，依靠植物群落的自然更新来保证饲料的供应，畜牧业的发展受到很大限制。因此，从依靠天然饲料转向依靠人工栽培的饲料，实现原始畜牧业向传统畜牧业过渡是畜牧业继续发展的必由之路。传统畜牧业主要以种植业产品为饲料，其生产水平首先决定于种植业的生产水平。种植业在其发展的一个很长时期中，单位面积产量低，增产主要依靠扩大耕地面积。因此，当时的畜牧业水平在很大程度上决定于人地比例。在人多地少的条件下，畜牧业生产水平的提高受到限制，只能长期处于低水平状态，在种植业为主的地区一般处于副业地位。

二、畜牧业的种类与特点

畜牧业的畜种主要有：牛、马、驴、骡、驼、鹿、猪、羊、兔、鸡、鸭、鹅、鹌鹑及各种皮毛兽等。畜牧业提供的产品有肉、蛋、奶、毛、皮、鬃、绒、羽、茸、骨、血、粪等。其中有许多是重要的生活资料或生产资料。

在社会经济生活中，对畜牧业有多种划分。按饲养牲畜的类别划分，有养猪业、养牛业、养羊业、养鸡业等。按饲养牲畜的方式划分，主要有：①草原畜牧业。以草原为生产基地，以放牧为主要饲养方式，以食草动物为主要饲养对象。草原畜牧业在畜牧业发展史上起源最早。在非洲、拉丁美洲、大洋洲，草原畜牧业迄今仍为畜牧业的主要部分，北美、欧洲的草原畜牧业也很发达。②舍饲畜牧业。以农作物及其副产品为主要饲料来源，以人工圈养为主要饲养方式，一般以精料型动物（如猪和禽类）为主要饲养对象。还有放牧和舍养二者相结合的半舍饲畜牧业。此外，按饲养牲畜的地区特点划分为牧区畜牧业、农区畜牧业和城郊畜牧业；按集约或粗放经营划分为集约型畜牧业与粗放型畜牧业；按专业与副业划分为专业畜牧业与副业畜牧业;按生产周期长短划分为长期畜牧业与速效畜牧业等。

畜牧业的特点是:①以有生命的动物为劳动对象,其经济再生产与自然再生产交织在一起;②以植物性生产为基础,通过动物的生活机能将植物能转化为动物产品，并将不能吸收的物质变成有机肥料再还给土地;③作为生产资料的牲畜,其变化过程是:投入生产、高产、退化、衰老、淘汰,不像土地那样肥力可以不断提高,也不像机器那样磨损后可以局部更换。掌握畜牧业的上述特点,对于按照动物的生长发育规律提供所需的环境条件,处理好畜牧业中生产、积累、消费之间,畜牧业与种植业之间,畜牧业投资与收益之间的关系,合理地安排畜群结构,发挥牲畜的生产效能,都具有重要意义。

三、畜牧业在社会经济中的重要地位

畜牧业的重要地位首先决定于动物食品的重要性。动物食品比植物食品的营养元素更完全,更接近于人的生理需要,尤其有利于提高人类大脑的功能。所以,发展畜牧业是提高生活水平、改进人口素质的不可代替的条件。畜产品也是优质衣物原料。随着生产技术的发展,畜牧业的各种主副产品得到更广泛、更有价值的利用。

牲畜是将饲料加工成畜产品的活机器，可将人不能直接利用的一些废弃物用作饲料。有些有用的、有价值的产品用作饲料后所转化的畜产品可以更有用、更有价值。因而,畜牧业能够化无用为有用,化小用为大用,变无价为有价,变低价为高价。

饲料转化为畜产品,是物质与能量在质量上的提高,数量上的减少。如饲料转化为猪肉,能量转化效率只有 15%左右,约 85%的能量消耗在猪维持体温和维持生命所必需的采食、咀嚼、吸收和消化等生理活动及其他损失上。同样的种植业产品直接利用比转化为畜产品后再利用,可在较低水平的基础上维持较多人口的生活。所以在种植业水平低的条件下，发展畜牧业要受到很大限制。种植业水平提高后，尤其是口粮得到充分满足后，才可能实现畜牧业的大发展，而且，为了给增产的种植业产品开辟出路，也必须发展畜牧业。

畜粪是畜牧业的副产品。利用畜粪肥田是使来自土壤的养分重返土壤的形式。利用外部饲料则是使非耕地的土壤养分或外地、外围的土壤养分输入本地耕地的形式。中国农民长期以来选择养猪与种粮相结合的经营模式，就是利用了畜牧业在农业生态系统中的积极作用。

第二节 畜牧业发展现状

畜牧业是第一产业的重要部门之一。肉、乳、蛋及其制品是人们的必需食物，随着世界居民消费构成的变化，不仅在发达国家，而且在一些发展中国家的消费量和比重都呈普遍上升趋势。羊毛、禽毛、皮革、畜骨等都是重要的工业原料，牲畜在某些国家还是耕田、运输的重要动力。从 1980 年到 2002 年，世界总人口由 44 亿增加到了 61 亿。面对世界人口的快速增长对食物供给带来的巨大压力，畜牧业生产的迅速发展做出了巨大的贡献。

一、畜牧业的快速发展

世界草原面积广阔是世界畜牧业发展的重要物质基础。现拥有 31.51 亿公顷草原，占世界陆地总面积的 24.1%，为耕地面积的 1.3 倍。草原多分布在非洲、亚洲和拉丁美洲。第二次世界大战后，特别是 20 世纪 50~60 年代是世界畜牧业发展的高峰时期，现发展势头仍很强。1990 年全世界拥有牲畜（牛、羊、猪）存栏总数近 40 亿头，比 1950 年增加了 1.5 倍，牛、羊、猪分别增加了 1.03 倍、2.07 倍、2.03 倍。养马业由于农业机械化的迅速发展，其存栏数有所下降，发达国家最为明显。近年来，现代化养鸡业发展异常迅猛。20世纪70年代以来，年平均递增超过30%，已成为世界人们肉类消费的重要来源之一。2002年世界肉类总生产量为2.4亿多吨，比1980年增加近1倍，其中猪肉约占38%，牛肉占24%，羊肉占7%，禽肉占30%。中国、美国、巴西是世界肉类三大生产国，其次为俄罗斯、法国、德国、墨西哥、日本和意大利等国。

畜牧业的发展水平一般可反映一国的农业发达程度和居民生活水平。目前，畜牧业在农业产值和土地利用构成中的比重都有所提高，已成为许多国家的主要或最大的农业部门。在发达国家表现较为明显。如美国原以种植业为主，现畜牧业已达55%。日本战前是“无畜国家”，只占农业产值的0.5%，且以养马为主，1980年已占农业产值的30%，与水稻、果菜并列为三大农业部门。西欧各国畜牧业的比重大多超过1/2，德国占2/3，英国占60%以上。北欧以畜牧业为主，在种植业中，饲料生产还占相当大的比重，特别是丹麦、瑞典是欧洲肉、奶及其制品的供应基地。东欧国家也是如此，20世纪60~80年代，如前苏联畜牧业比重从占52.9%增加到57.4%，原捷克从49.5%增加到56.9%，保加利亚从32.7%增加到45.5%，匈牙利从39.2%增加到49%，罗马尼亚从34.7%增加到44%。澳大利亚、新西兰、阿根廷、乌拉圭等为传统的畜产品生产国和出口国。

世界畜群结构一般可分为6种类型：①养牛主导型。一般牛的头数占牲畜总存栏数的80%以上。以拉丁美洲的哥伦比亚、巴西、阿根廷、委内瑞拉和墨西哥等为代表。印度是世界拥有牛头数最多的国家，但受宗教的影响，不屠宰牛。②养羊主导型。一般羊的只数占总牲畜拥有量的1/2以上，以澳大利亚、新西兰、蒙古和土耳其等为代表。③养猪主导型。一般猪的头数超过牲畜总存栏数的60%以上，多者可达90%，以日本、丹麦、匈牙利和中国等为代表。

④牛、羊并重型。一般牛占总存栏数的1/2,羊占40%以上,如埃及、智利、南非等为代表。⑤牛、猪并重型。各约占1/2,以美国和加拿大为代表。⑥牛羊猪并重型。一般三者各占1/3,以意大利最为典型,还有英国和法国等。

二、畜产品生产现状

据联合国粮农组织(FAO)统计,2002年全世界肉类总产量达到24,504.7万吨,禽蛋5810.2万吨,奶类50,232.5万吨,分别比1980年产量增长79.8%,111.9%和7.9%。其中肉类和禽蛋产量的增长速度都远远超过同期人口的增长速度。在肉类中,又以禽肉的增长速度最快。2002年世界禽肉产量比1980年产量增长1.8倍,其次猪肉增长78.8%,牛肉增长28.9%。羊肉2000年产量最高,达1139.8万吨,比1980年增长55%。在奶类生产中,2002年欧盟(15国)奶类产量为12,561.6万吨,占世界首位;其次是印度估计为8500万吨,美国7702万吨,俄罗斯3346.7万吨。全世界奶类产量的增长速度呈放慢的趋势,但发展中国家奶类产量却以较快的速度增长。

在发达国家中,美国是世界上最大的畜产品生产与消费国之一。20世纪90年代以来,美国肉类、禽蛋和奶类产量都呈增长的趋势。但从整体上来看,目前欧盟15国各类畜产品生产量已都超过了美国,20世纪90年代以来欧盟15国的肉类产量增长速度较快,而禽蛋和奶类产量的增长趋缓。2002年美国和欧盟15国的肉类产量分别占世界总产量的15.9%和14.8%,禽蛋产量分别占8.8%和9.3%,奶类产量分别占15.3%和24.2%。澳大利亚和新西兰是世界上重要的畜产品生产国与出口国,畜产品产量都呈增长的趋势。20世纪90年代以来日本鸡蛋和牛奶产量呈平稳增长,肉类产量则呈下滑的趋势,并导致肉类进口量增加。苏联解体后，俄罗斯各类畜产品产量均急剧下降，近两年有些回升，但肉类产量仍远远不能满足国内需求。

在发展中国家当中，巴西的畜产品生产发展较快，并成为畜产品输出国。印度由于受宗教信仰的影响，肉类和禽蛋生产一直发展缓慢，但奶类产量发展非常迅速。近几年印度奶类产量已超过美国，跃居世界第一位，2002 年人均奶类产量达到 80 千克左右。

再从肉类生产结构的变化情况来看。过去 20 年间世界猪肉产量占肉类总产量的比重一直居首位，并保持在 39%左右；牛肉产量的比重下降较多，20 年间从 34.6%下降到 24.9%；羊肉产量的比重一直最低，仅是近几年来才稍有上升；而禽肉产量的比重上升明显，20 年间上升了 10 个百分点。

由于畜牧业资源(含生态环境)、消费习惯或市场需求上的差异，各国的畜产品生产结构也有很大的不同。但是，随着市场需求的变化和科学技术的进步，各国也在不断调整与优化畜产品生产结构。以肉类生产结构为例，长期以来西方欧美国家牛肉产量的比重一直占据首位，但是，由于肉鸡业的迅速发展，20 世纪 90 年代以来不少国家的禽肉产量都已大于牛肉产量。2002 年美国的禽肉产量占肉类总产量的比重已达到 44.4%，比牛肉的比重高出 12 个百分点。其他如英国、日本和巴西等国家的禽肉比重也都接近或超过 40%。

三、饲料业概况

随着畜牧业的集约化和现代化，饲料工业受到各国的普遍重视，并且得到了迅速的发展。按照畜禽营养需要进行科学配方的配合饲料，是高质量及高效率畜产品生产的基础。因此，配合饲料工业在世界范围内正逐步形成一个重要的产业。2002 年全球工业化生产和手工作坊式生产的饲料总量达到曾在 1997 年出现的6.05亿吨的最高点。当前，领先的5个饲料生产国大约生产所有工业饲料的一半。世界10个饲料生产大国美国、中国、巴西、日本、法国、加拿大、墨西哥、德国、西班牙、荷兰生产超过世界全部产量的60%，而50个国家生产大约所有工业饲料的90%。在这些国家中,商业性的饲料公司及综合粮食生产企业都生产配合饲料,但商业性饲料公司因技术先进、服务完善,故产量及产值所占比例很大。在世界所产配合饲料中,禽类饲料大约占全部工业饲料的37%，其次是猪饲料（32%），奶牛饲料（17%）,肉牛饲料（8%）,鱼和水生贝壳类饲料（3%）及其他动物饲料(3%)。在配合饲料中,粮食所占比例因饲料类型而异,猪饲料中约占60%,蛋鸡饲料中约占60%,肉鸡饲料中约占70%,牛饲料中约占40%。

世界范围内现代养禽和养猪生产的增长使饲料生产企业更加依赖于以谷物、油料种子粗粉作为基本能量和蛋白质来源的原材料。

美国、阿根廷、中国和南非是世界市场上谷物供应的主要出口国。小麦仍是欧盟、中国、澳大利亚和其他地方的主要作物。高粱作为谷物的替代品，无论在国际贸易还是在墨西哥和澳大利亚等有干旱倾向的地区都逐渐普及开来。

大豆占工业饲料中所有蛋白质成分的75%。2001年欧盟调整计划中规定,为防止疯牛病（BSE）的发生,在所有动物身上均禁止使用肉和骨类饲料,这极大改变了欧洲饲料的蛋白质市场,而增加了对植物蛋白质原料的需求。从加拿大进口的食物级油菜可作为大豆原料的替代品。但在大多数饲料中,需额外添加蛋白质或氨基酸。

第三节 世界养牛业概况

养牛业是畜牧业最重要的部门。牛是世界上多用途的家畜,它不但是肉、乳、皮的生产者,而且是发展中国家农业生产的主要劳动力和有机肥料的来源。在世界畜牧业中牛的分布最广、数量最多、效益最大。据联合国粮农组织20世纪90年代初统计,全世界共养家畜20.93亿头,其中牛15.09亿头,占72.1%,人均0.3头牛。无论什么国家和地区,凡有人居住的地方,都有牛的分布。

目前世界上牛的总存栏数中,发展中国家占70%以上,以亚洲(占1/3)、拉丁美洲(占1/4)和欧洲(西欧7.5%,东欧12%)为多,其次为非洲、北美洲、大洋洲。印度、巴西、中国都有1亿头以上,其次为美国和阿根廷。世界牛肉总产量为6097万吨(2002年),70%以上产于发达国家,以北美洲(占1/4)、东欧(占22%)和西欧(20%)最为集中,其次为拉丁美洲、非洲和亚洲。澳大利亚、德国、荷兰是世界牛肉主要输出国,主要输往美国、西欧和日本。世界各地区、各国养牛业的生产水平与产品结构存在明显差异。亚洲是世界牛存栏数最多的地区,而产肉量与产奶量都不足各自总产量的10%,说明生产水平较低,牛仍以役用为主,肉、乳居次要地位,特别是印度受宗教影响,奉为神牛,不屠宰,老、残牛多。近些年,中国、日本的乳、肉牛业发展迅速,印度的奶牛业也有起色。

一、肉牛业

牛肉是人类摄取动物性蛋白质的主要来源之一,世界许多国家都很重视发展养牛业,肉牛发展较为发达。

(一)肉牛业发展现状

20世纪60年代以来,随着国际市场对牛肉需求量的增加,肉牛发展很快。世界养牛头数量最多的国家是印度、巴西、中国、美国。

1980年世界肉类总产量达13,653万吨，其中牛肉总产量达到4717万吨，占35%，仅次于猪肉，占肉类的第二位。20世纪90年代以来，牛肉产量呈现平衡状态，在肉类的比重中呈下降趋势。2000年牛肉总产量为5950万吨，占肉类总产量的25.6%，其在肉类的比重降到第三位。但牛肉生产的绝对量仍有增长的趋势。目前世界上牛肉产量最多的国家依次是美国(1244万吨)、巴西(714万吨)、中国(532万吨)。世界牛皮产量最多的国家前三名依次是印度、美国和中国。

这两年来，世界肉牛业的总体发展趋势是存栏量稳中有升，牛肉产量也趋于逐年增加。随着养牛科学技术的提高，牛肉质量和头均产肉量也在不断提高。2002年，随着“疯牛病”阴影的逐渐消退，世界牛肉市场逐渐开始复苏。南美洲国家牛肉增长速度达到3%，占世界牛肉市场份额的52%，亚洲国家增长速度达到2.5%，发达国家牛肉生产也开始恢复性增长。2002年世界牛存栏量13.6亿头，出栏3亿头，牛肉产量6080万吨，分别比2001年增加0.7%，2.0%，2.5%。世界肉牛平均出栏率22%，头均胴体重200千克。

科技进步促进了世界肉牛业的迅猛发展，体小、早熟、易肥的小型品种随着人们消费习惯的变化而被逐渐淘汰，转而选择欧洲的大型品种，如法国的夏洛来、利木赞，意大利的契安尼娜、皮埃蒙特等，这些品种体型大、增重快、瘦肉多、脂肪少、优质肉块比例大、饲料报酬高，深受国际市场欢迎。据法国有关专家一项研究表明，夏洛来牛饲料报酬最佳，每千克牛肉仅用6.92个饲料单位，其他法国品种则在7.50~7.66之间。目前法国约有150万头夏洛来繁殖母牛，并已推广到五大洲，扎根于68个国家。意大利的皮埃蒙特牛周岁体重可达400~430千克，每千克增重耗精料3.1~3.5千克，瘦肉率高达84.1%。

西方国家大多实行开放型育种或引进良纯繁，特别注意肉牛对环境适应性的选择，且多趋向于发展乳肉或肉乳兼用型品种，如西门塔尔、兼用型黑白花、丹麦红牛等。东方国家如中国、韩国、日本等多采用导血杂交，比较重视保持本国牛种的特色。如韩国的韩牛、日本的和牛等，采用导血改良，发挥杂交优势。

（二）国外肉牛品种介绍

1.夏洛来牛

夏洛来牛是现代大型肉用育成品种之一。原产于法国中部的夏洛来和涅夫勒地区，本是古老的大型役用牛。1986年法国的夏洛来牛达300多万头，占法国牛总头数的15%。

外貌和体格：夏洛来牛体躯高大强壮，属大型肉用品种。额宽脸短，角中等粗细，向两侧或前方伸展，胸深肋圆，背厚腰宽，臀部丰满，肌肉十分发达，使身躯呈圆筒形，后腿部肌肉尤其丰厚，常形成“双肌”特征，四肢粗壮结实。公牛常有双鬐甲或凹背的弱点。牛角和蹄呈蜡黄色。鼻镜、眼睑等为肉色。毛色为乳白或浅乳黄色。

生产性能：夏洛来牛有两大特点，一是早期生长发育快，二是瘦肉多，可以在较短的时期内生产出最大限度的肉量。据法国的测定表明，在良好的饲养条件下，6月龄公犊体重达234千克，母犊210.5千克，平均日增重公犊1~1.2千克，母犊1.0千克。12月龄公犊达525千克，母犊360千克。18月龄时分别达到658和448千克。阉牛在14~15月龄时体重达495~540千克，最高达675千克，在肥育期的日增重为1.88千克。屠宰率为65%~70%。高屠宰率与夏洛来牛具有双肌肉基因有关，但是这种肌肉度过大的牛易引起难产，因此，20 世纪 80 年代以来，人们选择非双肌型，但不降低屠宰率的牛。

利用方式：在法国用夏洛来牛生产牛肉有几种传统方式：①母牛带犊放牧：这种方式下产犊期都在冬季和初春，犊牛随母牛吃青，到秋天断奶，一般为 8~9 月龄，为屠宰犊牛提供生产犊牛肉的牛源。②此后将公犊去势，以半粗放的方式育肥到 500 千克左右宰杀。③在饲粮耕作区集中喂养，不去势的小公牛喂到 18 月龄，阉牛喂到 24 月龄，甚至 34 月龄。在放牧地区以半舍饲方式将不再留种的公、母牛育肥到 26~34 月龄。在繁殖方面，母牛出生后 396 天开始发情，在长到 17~20 月龄时可配种，但此时期难产率高达 13.7%，因此在原产地将配种时间推迟到 27 月龄，要求配种时母牛体重达 500 千克，约在三岁时产犊。

基于夏洛来牛在净肉率和眼肌面积上的优势，当牛肉市场进入批量供应阶段，他依然具有优势。夏洛来牛因肌肉纤维比较粗糙，肉质嫩度不够好，在进入日本和韩国的牛肉市场时不受欢迎。可见在牛肉和活牛销售市场上，品种问题已成为考虑的必要因素。

2.安格斯牛

安格斯牛原产地在苏格兰北部的阿伯丁、金卡丁和安格斯郡，全称阿伯丁安格斯牛。自 19 世纪开始向世界各地输出，现在世界主要养牛国家大多数都饲养这个品种牛，在美国的肉牛总头数中占 1/3。安格斯牛是世界上最优秀的肉牛品种之一，具有适应性强、肉质好、屠宰出肉率高等特性，在现代肉牛业中起着举足轻重的作用。

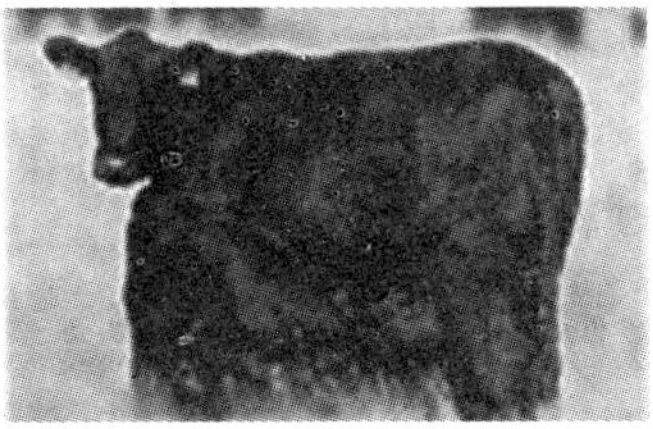

外貌特征：安格斯牛体型低矮，躯体紧凑而结实，头小而方正，额部宽而额顶突起，颈中较长，背线平

直，腰肩丰满，躯体呈圆筒状，四肢短而端正，躯体平滑而丰润，皮肤松软，富有弹性，被毛光亮，成年母牛体高 122 厘米，体斜长 144 厘米，胸围 190 厘米，胸深 68 厘米，胸宽 45 厘米，臀宽 52 厘米，体重平均为 500 千克。成年公牛体重为 700~750 千克。

生产性能：安格斯牛性情温和，易于管理。性早熟易配种，12 月性成熟，通常 18~20 月龄初配，产犊间隔短，一般在 12 个月左右，连产性好。在国际肉牛杂交体系中，被认为是最好的母系。杂交改良的后代不仅适应天然放牧环境，而且适应秸秆氨化的舍饲条件。

3.海福特牛

海福特牛是英国最古老的肉用品种之一，原产于英格兰岛西部的海福特郡。

外貌特征：海福特牛体型宽深，前躯饱满，颈短而厚，垂皮明显，中躯肥满，四肢短，臀部宽平，皮薄毛细。分有角和无角两种，角呈蜡黄色或白色。公牛角向两侧伸展，向下方弯曲，母牛角尖有向上挑起者。毛色为暗红色，也有橙黄色者，具“六白”特征，即头部、垂皮、颈脊连鬐甲、腹下、四肢下部和尾帚六个部位为白色。现代海福特牛成年公牛体高 134.4 厘米，体重 850~1100 千克；母牛分别为 126 厘米和 600~700 千克。犊牛初生重 32~34 千克。

生产性能：据英国资料，犊牛生长快，到 12 月龄可保持平均日增重 1.4 千克水平，为体早熟品种，18 月龄达到 725 千克。经肥育后，屠宰率可达 67%，净肉率达 60%。脂肪沉积主要在腔脏，胴体

上覆盖脂肪较厚，而肌肉间脂肪较少，肉质嫩，多汁。海福特牛小母牛 6 月龄开始发情，育成到 18 月龄，体重达 500 千克开始配种。发情周期 21 天(18~23)。持续期 12~36 小时。妊娠期平均为 77 天，范围 260~290 天。在欧

美提倡早配，一般在体重达400~450千克，即配种，到2岁左右产犊。公牛体重大，四肢短，体型笨重，但爬跨灵活，种用性能良好。英国系的海福特牛体质结实、粗饲、不挑食，放牧时连续采食，不游走。但此系牛腿短，若没有茂密的草丛只在稀疏草场放牧，则不利于生长。北美型海福特牛体躯高大，放牧性能有改进，但体躯高大的牛要求更多的营养，要改善营养条件，才能发挥大型肉牛的品种优势。

4.皮埃蒙特肉牛

皮埃蒙特牛因产于意大利北部皮埃蒙特地区而得名，是古老的牛种，属于欧洲原牛与短角型瘤牛的混合型。

外貌特征：皮埃蒙特牛被毛白晕色，公牛在性成熟时颈部、眼圈和四肢下部为黑色。母牛为全白，有的个体眼圈为浅灰色，眼睫毛、耳廓四周为黑色，犊牛出生到断奶月龄为乳黄色，4~6月龄时胎毛褪去后，呈成年牛毛色。各年龄和性别的牛在鼻镜部、蹄和尾扫均为黑色。角型为平出微前弯，角尖黑色。皮埃蒙特牛胸部宽阔而且肌肉发达，其性情温顺，能适应各种环境，可在海拔1500~2000米山地牧场放牧，也可在夏季较炎热的地区饲养，是目前世界终端杂交的最好父系，已被世界23个国家引进。

生产性能：皮埃蒙特母牛一个泌乳期平均产奶量为3500千克。皮埃蒙特牛的躯体发育充分，具有显著的产肉能力；在一般饲养条件下，日增重较高。成年母牛体重为500~600千克，育成公牛在15~18月龄体重达到550~600千克，为屠宰适期。皮埃蒙特牛由于屠宰率和瘦肉率都高，比较适合国际牛肉市场的需求，在国际上得到较快的传播。胴重为329.6千克时，眼肌面积为98.3平方厘米。由此可见其骨量在各类牛中是比较小的，脂肪率低尤其明显，因此其胆固醇含量也很低。皮埃蒙特牛的牛排肉中的脂肪以极细的碎点散布在肌肉纤维中，含量很低，在意大利牛肉市场中成为极受欢迎的肉类。皮肤软、薄而富有弹性，是制革的上等原料。

5.利木赞牛

利木赞牛因在法国中部利木赞高原育成而得名，当初是大型役用牛，适应山区气候，被认为是由金黄阿奎顿牛的一个支系繁衍而成，为法国第二大品种。

外貌特征：利木赞牛体型小于夏洛来牛，骨骼较夏洛来牛细致，体躯冗长，肌肉充实，胸躯部肌肉特别发达，细弓开张，背腰壮实，后躯肌肉明显，四肢强健细致。蹄为红色。公牛角向两侧伸展并略向外前方挑起，母牛角不很发达，向侧前方平出。毛色多红黄为主，腹下、四肢内、眼睑、鼻周、会阴内色变浅，呈肉色或草白色。

生产性能：利木赞牛在世界上呈增长趋势，主要特点是比较耐粗饲，生长快，单位体重的增加需要的营养较少，胴体优质肉比例较高，大理石状肉的形成较早。母牛很少难产，容易受胎，在肉牛杂交体系中起良好的配套作用。在原产地，一般组织林间草地放牧，能育出大型个体，成年公牛体重 900~1100 千克，母牛 600~800 千克。公牛体高 140 厘米，母牛 130 厘米。犊牛初生体重较小、公犊 36 千克，母犊 35 千克，这种出生体重小、成年体重大的相对性状，是现代肉牛业追求的优良性状。早熟是利木赞牛优点之一，在良好的饲养条件下，公牛 10 月龄能长到 408 千克，12 月龄达 480 千克。利木赞母牛在较好的饲养条件下，2 周岁可以产犊，而一般情况下，2.5 岁产犊。利木赞母牛的产奶量稍低，为 1200 千克，但乳脂率较高，达 5.0%，可为育犊提供一定的条件。

6.短角牛

短角牛是英国最古老的肉用品种之一，曾分离出一支乳肉短角牛。短角牛分布于世界各地，20 世纪初乃是国际肉牛业的主要品种。现在美国、澳大利亚、新西兰、日本等国养的较多。美国的乳用短角牛具有较高的泌乳性能。

外貌特征：肉用短角牛体型呈矩形，经强度育肥的牛更为突出，背宽胸深。这种牛头短、额宽、脸窄、角细，角由两侧向前伸出，颈短多肉，鬐甲宽厚，肋骨拱圆，四肢短。毛色多深红或酱红，部分为沙色，即白色与红色共显性毛色，或白毛。3 岁公牛体高平均 139.1 厘米，体重平均 847.8 千克；3 岁的母牛体高平均为 129.6 厘米，体重平均 515.2 千克。

生产性能：育肥牛屠宰率为 65%，胴体皮下脂肪特别厚，可达 2~3 厘米，由于肌间脂肪过多，其分割肉在西方牛肉市场上已不受欢迎，因此短角牛在肉牛业中已退居到不重要地位。乳用短角牛体格较纯肉用的高大，体躯长，颈较长而薄，乳房发育良好。成年牛平均产奶 4748 千克，乳脂率 3.68%。

7.婆罗门牛

婆罗门牛是在美国育成的瘤牛新品种。早在 1849 年，第一批瘤牛引入美国，但当时的瘤牛品种肉质不佳，产肉量不大，屠宰率也低。为在亚热带的美国南部生产优质牛肉，在加入一些英国牛种血液的同时，还与印度瘤牛品种进行杂交，经严格选择而育成。

外貌特征：这个牛种在体型外貌上保留着印度瘤牛的特点，即耳朵下垂而大，瘤峰高耸或有巨大的肉瘤位于颈后缘，颈垂和脐垂都十分发达，往往前后连成一大片垂皮。体躯较短，体格高大但狭窄。因引入英国牛血液，体宽比原来印度的瘤牛有很大改良。尻部倾斜。四肢长。皮较松弛。婆罗门牛的毛色遗传来自许多牛种，比较复杂，有白色、灰色、棕色、红色、黑色，也有花斑。公牛大多数在颈部和瘤峰部为深色或黑色，呈晕色特征。婆罗门牛的气质属敏感型，胆小，反应快，神经质。在分娩后护仔性强，觅草放牧能力强，特别是耐焦虫病和抗内寄生虫病的能力均优于非瘤牛。犊牛出生重为 30 余千克，小于非瘤牛品种，而成年公牛则体高在 150 厘米以上，体重为 900 余千克，母牛难产情况极罕见。

生产性能：该牛的寿命长，通常能活 15~20 年。因此，一生所产的牛犊比欧洲牛要多 50%~60%，目前，在牛属动物中具有最可贵的经济性状。由于该牛种抗热能力强，一般牛在炎热季节不能发情配种的现象，在婆罗门牛则不存在。由于奶中含脂率高达 5.17%，蛋白质也较高，其哺犊效果要超过通常的牛种。顺产率高，因犊牛出生重为 28~32 千克左右，犊牛头窄小，肩窄小，而盆腔后倾角度大，临产时骨盆腔开张大，很少难产。对南方草场多灌木丛的情况下，婆罗门牛能采食粗质植物，四肢灵活，蹄质坚硬，在山地行走方便。与血缘较远的非瘤牛品种有极好的杂交优势。通常杂交优势率达 25%，超过其他品种间的杂交优势，平均日增重为 1.71 千克，而其他牛的杂交优势，好的情况下，只能达到 1.52 千克。目前这个品种已出口到 60 余个国家。

小资料1:疯牛病

疯牛病学名为牛海绵状脑病，是一种危害牛中枢神经系统的传染性疾病。它使病牛脑组织呈海绵状病变,出现步态不稳、平衡失调、瘙痒、烦躁不安等症状,在14~90天内死亡。由于种类的不同,其潜伏期长短不同,一般在2到30年之间。

该病首发于某岛土著人食用死者内脏后。由于该岛土著人有食用死者遗体内脏的习俗,故该病高发。后由于欧美各国纷纷用"牛肉骨粉"饲养菜牛,牛发生相同症状并导致大面积播散。疯牛病致病源称"朊毒体",是小团蛋白质。

食用被疯牛病污染了的牛肉、牛脊髓的人,有可能染上致命的克罗伊茨费尔德—雅各布氏症（简称克－雅氏症),其典型临床症状为出现痴呆或神经错乱、视觉模糊、平衡障碍、肌肉收缩等。病人最终因精神错乱而死亡。

医学界对克－雅氏症的发病机理还没有定论，也未找到有效的治疗方法。

小资料2:利用奶牛生产牛肉

奶牛是利用植物性饲料转化成动物性蛋白质和脂肪效率最高的家畜，而肉牛对饲料中热能和蛋白质的转化率较低。因此,近年来国外流行一种新的提法,即"向奶牛要肉"。奶牛在世界总牛数中占有较大比例,其中可繁母牛占70%(欧洲最高达90%)。由奶牛群生产牛肉的主要途径有:把大部分不作种用的奶公犊、淘汰母牛、部分低产母牛当作肉牛;此外一些牛奶生产过剩的国家(主要是欧洲一些国家)把其中部分繁殖奶用母牛与肉牛公牛杂交,其后代作肉牛生产。

国外奶用肉牛业发展很快，目前欧共体生产的牛肉45%来自奶牛群。如英国的牛肉40%来自奶公犊育肥。丹麦养牛业也把奶用与肉用结合起来，生产奶公犊牛肉。荷兰发展奶肉兼用牛，每年约生产220万头牛犊，全部生产小白牛，向德、意、法等国出售，价格昂贵。

美国奶、肉牛生产虽然专业化分工很细，但国内牛肉仍有30%来自奶牛。从1985年开始，美国农业部设立了一项为期5年的“牛群终止计划”，政府高价收购奶牛改作肉用，以减少奶牛饲养头数。

法国奶公犊基本上作肉用，一是生产小牛肉，即出生后只喂牛奶或代乳料，3~3.5月龄屠宰上市；其次是育成到18个月龄左右屠宰上市，体重可达650~700千克，屠宰率为55%~59%。

日本人喜欢食牛肉，虽然日本的肉牛比奶牛稍多，但市场上52%的牛肉来自奶牛群。据日本试验，奶牛肉的质量虽不及肉牛品种(黑毛和牛)，但前者增重快，生产成本低，育肥期平均日增重850~1500克，而黑毛和牛则为800~1000克。每增重1千克体重所耗精料和粗料，奶牛需4.46千克和3.87千克，而黑毛和牛则为5.22千克和4.74千克。1985年以后，日本已将产肉性能列入奶牛育种指标。

二、奶牛业

牛乳是最接近完美的营养食品。每500克牛乳中含蛋白质15.5克，脂肪16克，乳糖22.5克，钙600毫克，可提供人体每天全部蛋白质的25%或动物性蛋白需要量的45%~50%，热能的30%，钙的 50%。1 千克牛奶足够满足成人每天氨基酸的需要。1 千克牛奶中有钙 850~1300 毫克，且易为人体吸收，是人体最可靠的钙源。据美国农业部提供的资料,美国全年人均消费牛奶 240 千克,共为人体提供了 72%的钙、36%的维生素 B2、33%的磷以及 20%的蛋白质。日本一项 25 万人的调查表明:从不饮用牛乳的人群中,7 个月内每 10 万人胃癌的死亡率是 28.8%,而每天饮用牛乳的人群中仅为 13.0%。

世界各国都非常重视牛奶的生产,20世纪 70 年代印度进行了“白色革命洪流行动”;50 年代美国曾发起“三杯奶运动”;日本战后开展“一杯奶强壮一个民族”的学童奶计划,均收到明显的效果。

(一)乳牛业发展概况

1999 年全世界奶牛存栏数 2.32 亿头，平均每 26 人饲养一头奶牛。世界总产奶量为 4.8 亿吨,年人均奶类占有量为 103.3 千克,其中发达国家为 312 千克,发展中国家为 36.5 千克。全世界人均每天消费牛奶 270 克左右,发达国家人均每天超过 500 克。其中以新西兰人均占有奶量为最多，高达 2757 千克。以下依次是丹麦(896 千克)、荷兰(703 千克)、法国(519 千克)、澳大利亚(479 千克)。奶牛的头均产乳量最高的是以色列(9105 千克),其次是美国(7483 千克)。

荷兰是世界上奶牛业水平很高的国家，荷兰饲养的奶牛品种主要是黑白花、格罗宁根和红白花,其中荷兰培育的黑白花奶牛受到世界各国的重视和青睐，向世界许多国家和地区出口。仅在 1996 年就出口黑白花良种牛 1.5 万头,冷冻精液 2 万余份。目前荷兰奶牛年均产奶量为 6596 千克,同时牛奶的乳脂率及蛋白含量也均有提高。

(二)国外乳牛品种介绍

1.荷斯坦牛

荷斯坦牛,因毛色呈黑白花片,也叫黑白花奶牛,原产荷兰北部,后被世界各国引进培育成适合当地环境的优秀奶牛品种,是世界上产奶量最高的奶牛品种。分乳用和乳肉兼用两型。

外貌特征:体格高大,结构匀称,后躯较前躯发达,侧望呈楔形,四肢较长,间距较小。乳房特别庞大,乳静脉明显。毛色为明显的黑白花片;额部有白星,腹下、四肢下部及尾帚为白色。皮薄骨细,皮下脂肪少,被毛细短。成年牛体重:公牛为900~1200千克,母牛为650~750千克,犊牛初生重40~50千克。成年公牛体高140厘米,母牛体高125厘米。

生产性能:平均产奶量6500~7500千克,乳脂率3.6%~3.7%。肥育后的屠宰率可达55%~60%,肉质细嫩多汁。

适应能力:荷斯坦牛风土驯化能力强,生态价高,其足迹几乎遍布全球。耐寒,但耐热性较差,对饲料条件要求较高。

2.娟姗牛

属小型乳用品种,原产于英吉利海峡南端的娟姗岛。娟姗牛的最大特点是乳质浓厚,单位体重产奶量高,乳脂肪球大,易于分离,乳脂黄色,风味好,适于制作黄油,其鲜奶及奶制品备受欢迎。

外貌特征:体型小,头小而清秀,额部凹陷,两眼突出,耳大而薄,鬐甲狭窄,肩直立,胸深宽,背腰平直,腹围大,尻长平宽,尾帚细长，四肢较细，关节明显，蹄小。乳房发育匀称，形状美观，乳静脉粗大而弯曲，后躯较前躯发达，体型呈楔形。娟姗牛被毛细短而有光泽，毛色为深浅不同的褐色，以浅褐色为最多。鼻镜及舌为黑色，嘴、眼周围有浅色毛环，尾帚为黑色。

体尺与体重：娟姗牛体格小，成年公牛体高123~130厘米，体重500~700千克，母牛体高111~120厘米，体重350~450千克。犊牛初生重为23~27千克。

生产性能：一般年平均产奶量为3500升，乳脂率平均为5.5%~6%，乳脂色黄而风味好。娟姗牛性成熟早，一般15~16月龄便开始配种。

3.瑞士褐牛

属乳肉兼用品种，原产于瑞士阿尔卑斯山区，主要在瓦莱斯地区。由当地的短角牛在良好的饲养管理条件下，经过长时间选种选配而育成。

外貌特征：被毛为褐色，由浅褐、灰褐至深褐色，在鼻镜四周有一浅色或白色带，鼻、舌、角尖、尾帚及蹄为黑色。头宽短，额稍凹陷，颈短粗，垂皮不发达，胸深，背线平直，尻宽而平，四肢粗壮结实，乳房匀称，发育良好。成年公牛体重为1000千克，母牛500~550千克。

生产性能：瑞士褐牛年产奶量为2500~3800千克，乳脂率为3.2%~3.9%；18月龄活重可达485千克，屠宰率为50%~60%。美国于1906年将瑞士褐牛育成为乳用品种，1999年美国乳用瑞士褐牛全年平均产奶量达9521千克（成年当量）。瑞士褐牛成熟较晚，一般两岁才配种，耐粗饲，适应性强，美国、加拿大、前苏联、德国，波兰、奥地利等国均有饲养，全世界约有600万头。

4.西门塔尔牛

西门塔尔牛是世界上著名的乳肉兼用品种，具有产奶量高、乳质好、生长发育快、肉用性能好、适应性强和遗传性能稳定等特点。该牛是兼具奶牛和肉牛特点的典型品种。目前，世界各国都争先发展，现在是全世界分布最广、数量最多的品种。

外貌特征：该牛毛色为黄白花或淡红白花，头、胸、腹下、四肢及尾帚多为白色，皮肤为粉红色。头较长，面宽；角较细而向外上方弯曲，尖端稍向上；颈长中等；体躯长，呈圆筒状，肌肉丰满；前躯较后躯发育好，胸深，四肢结实，大腿肌肉发达；乳房发育好，成年公牛体重平均为800~1200千克，母牛650~800千克。

生产性能：西门塔尔牛乳、肉用性能均较好，平均产奶量为4070千克，乳脂率3.9%。在欧洲良种登记牛中，年产奶4540千克者约占20%。该牛生长速度较快，平均日增重可达1.0千克以上，生长速度与其他大型肉用品种相近。胴体肉多，脂肪少而分布均匀，公牛育肥后屠宰率可达65%左右。成年母牛难产率低，适应性强，耐粗放管理。

适应性：适应于四季放牧，对草选择性差，进食快，抗病性强，冬季耐寒，夏季耐热。舍饲以玉米秸、稻草、农业副产物为主，补饲以玉米为主，占65%，豆饼占20%，其他占15%。善游走，春夏放牧，秋冬溜茬。

5.爱尔夏牛

爱尔夏牛，原产于英国爱尔郡。

外貌特征：体格中等，结构匀称；额稍短，角细长，且由基部渐向外上方弯曲；角色白，角尖黑；颈垂皮小，胸深较窄，关节粗壮；乳房匀称,乳头中等长;毛色红白花,鼻镜、眼圈浅红色,尾帚白色。

生产性能:年平均产奶量4000~5000千克,最高产奶量12,421千克,含脂率4%~5%。

爱尔夏牛适应性强,耐粗饲,产奶性能好。

6.更赛牛

更赛牛是古老的奶牛品种,原产于英国更赛岛,含有诺曼底牛基因比例大。

外貌特征:头小,额窄,角较长,向上方弯,颈长而薄,体躯较宽深,后躯发育好,乳房发达;毛色以浅黄为主,也有浅褐色个体;额、腹下、四肢、尾帚多为白色;鼻镜淡红色。成年体重公牛为750千克,母牛为500千克。

生产性能:年平均产奶量3500~4500千克,含脂率平均为4.48%~4.86%;最高个体泌乳365天达14,578千克,含脂率达4.4%。乳色黄,脂肪球大。更赛牛性情温顺,较为耐热,乳脂率高,性成熟早,但产乳量偏低,抗病力较差。

7.丹麦红牛

丹麦红牛属乳肉兼用品种,原产于丹麦的默恩、西兰及洛兰等岛屿。1841~1863年间用安格勒牛和乳用短角与当地的北斯勒准西牛杂交改良,经多年选育,于1878年育成,1885年出版良种登记册。为了进一步提高丹麦红牛的生产性能,消除由于长期纯繁和近交而引起的难产、死胎、犊牛死亡率高等缺点,1972~1985年间相继导入瑞典的红白花牛、芬兰爱尔夏牛、荷兰红白花牛、美国的瑞士褐牛以及法国的利木赞牛基因,近年再次导入美国的瑞士褐牛基因。今日的丹麦红牛，以产奶量多，乳脂和乳蛋白含量高，对结核病有抵抗力而驰名。

外貌特征：丹麦红牛体型大，体躯长而深，胸部向前突出，有明显的垂皮，背长稍凹，腹部容积大，乳房发达，发育匀称，乳头长8~10厘米。被毛为红色或深红色，部分牛腹部和乳房有白斑，鼻镜为瓦灰色。公牛一般毛色较深。成年公牛体高148厘米，体重1000~1300千克；成年母牛体高132厘米，体重650千克。犊牛初生重为40千克左右。

生产性能：据丹麦年鉴记载，1989~1990年平均产奶量达6712千克，乳脂率4.31%，乳蛋白率3.49%。个体最高单产纪录为11,896千克，乳脂率4.2%，乳脂量446千克，乳蛋白率3.31%。丹麦红牛肉用性能亦好，屠宰率一般为54%。在肥育期，12~16月龄的小公牛，平均日增重达1010克，屠宰率为57%。

小资料：印度的“白色革命”

印度在20世纪80年代以来提出“白色革命”，鼓励国民多喝牛奶。政府无偿提供奶牛，使奶业成为农业中的支柱产业。印度人均奶类产量迅速提高，奶类消费量直线上升，不仅改善了印度国民的身体素质，同时也使印度人的平均寿命延长了12年。

20世纪70年代初，印度政府旨在发展现代农业，解决国民吃饭问题，启动了“绿色革命”，在取得一定成果后，继而又迅速在全国范围内大力提倡饲养奶牛，希望通过迅速提高牛奶产量，实现增加国民营养、改善国民体质的愿望，这就是有名的“白色革命”。

1970年，印度奶类产量为2000万吨。1985年迅速增加到4000多万吨。1996年又迅速增加到6300万吨，仅次于美国,跃居世界第二产奶大国。全国人均占有奶量从当年的39千克迅速增加到目前的77千克,在发展中国家处于前列。奶类年产值达到100亿美元以上,占农业总收入的比重仅次于粮食。同时每年出口奶粉及其他奶制品20万吨以上。

印度奶类的消费和生产的高速增长,是长期以来在饥饿和贫困状况下寻求解决温饱问题的一个战略性选择。直到20世纪90年代,印度人均每日摄入的热能仍然低于温饱水平,只有2200千卡。蛋白质和脂肪及微量营养都有一定程度的缺乏,人民的营养不良状况影响到经济和社会的发展。奶类消费的增长,成了解决温饱问题和改善营养的一个重要途径。

在印度人的日常膳食中,奶类是常用食品,其中酸奶更是一个特色。印度的营养改善战略,是从印度国家的实际情况出发解决国民营养问题的一个成功范例,引起了世界各国的重视。

为了实现这场"白色革命",印度政府制定了一系列政策和措施,先后投资近60亿卢比,在全国建立起200多座牛奶加工厂以及相应的配套设施。到了1985年,印度已成为世界第一养牛大国,牛的存栏数达7亿头,约占世界养牛头数的20%,全国平均每3个人就有一头牛,平均每人每天占有牛奶150克。20世纪80年代后期,印度已成为世界上第三大产奶国。

印度除了少数种牛繁殖场之外,全国基本上没有成规模的奶牛饲养场,每天向市场供应的鲜奶几乎全部来自个体农户。在广大的农村地区,农户正是靠饲养奶牛或水牛并向市场提供鲜奶而获得宝贵而稳定的收入。

这些鲜美的牛奶从产出、加工到消费者手中，一般要经过三个程序：首先，村民每天将自家产的鲜奶集中送往当地具有合作社性质的牛奶收集站，由收集站工作人员进行初级检验并过秤登记后，奶厂的保鲜罐车就会在最短的时间里将牛奶送进厂里。各收集站还负责根据牛奶质量与厂方商定价格并定期结算，把现金送到农户手上。其次，每车鲜奶进厂后，首先要经过严格的抽样化验，由质检人员对牛奶进行多达16项指标的综合测评，只有全部指标都合格的牛奶才被允许进入下一道工序。最后，在加工车间，牛奶在电脑程序的控制下，在全封闭的无菌环境下完成提纯、杀菌、营养调配等加工处理的全过程，从而保证送到每一位消费者手上的牛奶都符合安全饮用标准。

第四节 世界养猪业概况

一、世界养猪业现状

猪肉是世界最普及的肉食品，人类40%的肉食来自猪，养猪业也是世界畜牧业发展最快的行业之一。2002年全世界猪的存栏量超过9亿头，其中以亚洲最为发达，仅中国的存栏量就超过4亿多头，占世界总头数的40%以上，居世界之冠。其次为美国(5900万头)、德国(2900万头)和西班牙(2300万头)。2002年世界猪肉产量9400多万吨，比1980年增长了79%，占世界肉产总量的40%左右。法国、巴西、加拿大、丹麦、波兰、越南、俄罗斯等国也是世界主要的猪肉生产国。在过去20年中，越南、韩国、西班牙、菲律宾、巴西等国的猪肉产量增长较快，但在生产水平上存在不小的差距，如生猪出栏率以法国、丹麦、日本等国家最高，平均在170%～190%之间，而巴西只有80%；屠宰胴体重量高的多为欧洲各国，平均每头80千克，非洲只有40千克。世界养猪业由脂肪型向瘦肉型发展，由副业生产向集约化、商品化、工厂化方向发展。20世纪60年代初到2000年，发达国家的猪场数减少了80%～90%，而平均养猪场的规模却扩大了13倍，养猪场的主体养殖规模在向着1000～10,000头的趋势发展。

养猪在不同国家地位不同，结构也不同。有的国家养猪产业比重大，猪肉比重超过60%。典型的国家是丹麦，丹麦猪肉占全部肉类生产的82.3%，奥地利占73.1%，荷兰占53.3%。他们都是猪肉出口国。这类国家生产猪肉比重大、数量多，活猪和猪肉质量都很高，养猪产业化、科学化、商品化程度很高，具备完整的育种体系。有的国家养猪产业比重虽大，但畜牧业不发达。这些国家利用养猪适应性广来解决人民肉食短缺。例如，越南猪肉占肉类的73.1%，朝鲜占68.1%。这些国家利用猪的杂食性，饲料要求不高，繁殖快，所以“以猪为首”。亚洲类似国家也不少。

二、国外猪品种介绍

当今世界上著名猪种有大约克夏猪(大白猪)、长白猪、杜洛克猪、汉普夏猪等，它们以生长速度快、饲料转化率高、胴体瘦肉率高、分布广、饲养量大而著称。

1.大约克夏猪

又称大白猪，原产英国。

外貌特征：体型大，全白，全身大致呈长方形。头颈稍轻，鼻稍大，耳朵中等，稍向前直立。身体富有长度、深度和高度。背线外观大体平直，背腰长，腹部紧凑，下臁部充实。全身毛色全白，胸宽，臀宽。

体大，匀称伸展，肌肉发达，后腿臀丰满，头颈长，脸微凹，耳直立。繁殖性能好，增重速度快，饲料利用率高，胴体品质好，肉质较好。

生产性能：大约克夏猪新品系，初情期最早出现在156天，大部分在170~180天左右。性成熟月龄7~8个月，初配月龄7~8个月，配种体重110~130千克之间，大约克猪新品系母猪排卵数15~20个，最多达22个，母猪利用率20~25%。肉猪达100千克，日龄为160天，平均日增重874克，料重比2.58，屠宰率74.69%，胴体重73.40千克，胴体瘦肉率64.04%。

2.长白猪

原名蓝德瑞斯猪，原产于丹麦，是世界著名的瘦肉型猪种。

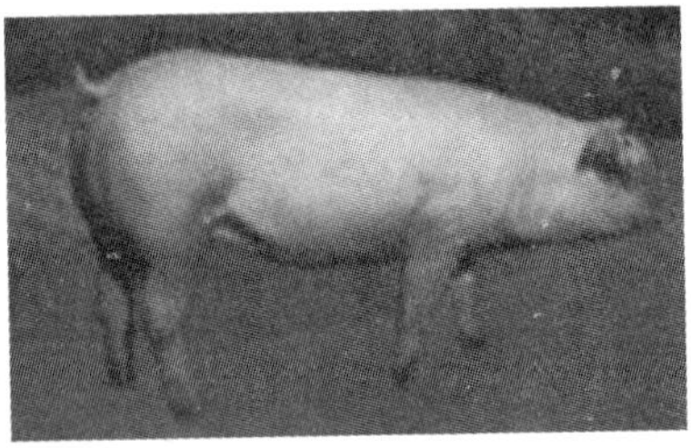

外貌特征：全白，体大流线型，头肩轻盈，后躯发达，背腹平直。头狭长，嘴鼻细长，耳大前倾，四肢高细，颈部与肩部较轻，体躯长，体侧长深，腹线平直，臀部较宽，肌肉丰满，外貌有清秀之感。繁殖性能好，增重快，饲料利用率高，胴体品质较好。

生产性能：生长快，瘦肉率高，母猪繁殖性能好。据丹麦测定，日增重793克，胴体瘦肉率65.3%。长白猪性成熟较晚，7～8月龄可以初配，母猪窝产仔数11头左右。

3.杜洛克猪

杜洛克猪原产美国，是美国在19世纪60年代用纽约州的杜洛克猪和新泽西州的泽西红毛猪杂交育成。在美国的猪品种中其日增重和料重比排名第一，分布最广，数量最多。杜洛克猪体质健壮,适应性强,饲养条件比其他瘦肉型猪要求低,生长速度快,饲料利用率高,胴体瘦肉率高,肉质好。

外貌特征:杜洛克猪体型较大,耳中等大,略向前倾,耳尖下垂。面部微凹,体躯深广,肌肉丰满,腿臀发达。毛色呈红棕色,但深浅不一,从金黄色到棕褐色均有。四肢粗壮,背略呈弓形。乳头 5~6 对。

生产性能:杜洛克成年体重,公猪 380 千克左右,母猪 300 千克左右。初产母猪产仔数 9 头,经产母猪产仔数 10~12 头。杜洛克猪生长速度快,屠宰率高,胴体瘦肉率也高。据四川省畜牧兽医研究所测定,肥育期日增重 692 克,178 日龄体重达 90 千克,料重比 3.02:1,屠宰率 72.7%,平均膘厚 2 厘米,眼肌面积 31.6 平方厘米,胴体瘦肉率 64.3%。据美国 20世纪 80 年代初期测定,杜洛克猪在 100~104 千克体重时,其平均日增重为 1039 克,料重比 2.51:1。

4.汉普夏猪

汉普夏猪原产于美国肯塔基州布奥尼地区,是美国第二位普及的猪种,广泛分布于世界各地。早在 1825~1830 年,英国苏格兰地方的汉普夏饲养一种白肩种,后来又输入美国,并用这种白肩猪与薄皮猪杂交,选育而成。由于其皮薄,故曾被称为薄皮猪,到 1904 年才统一命名为汉普夏猪。汉普夏猪原属脂肪型,后来根据消费者的要求进行改良,约经 60 多年时间,变成皮下脂肪薄、胴体伸长、瘦肉多的肉用型品种。

外貌特征：汉普夏猪毛黑色，前肢白色，后肢黑色。最大特点是在肩部和颈部接合处有一条白带围绕，包括肩胛部、前胸部和前肢，呈一白带环，在白色与黑色边缘，由黑皮白毛形成一灰色带，故又称银带猪。头中等大小，耳中等大小而直立，嘴较长而直，体躯较长，背腰呈弓形，后躯臀部肌肉发达，性情活泼。

生产性能：汉普夏猪产仔数达 9.78 头，母性好，体质强健，生长快，较早熟，是较好的母本材料，在迪卡配套繁育体种，就较好的利用了这一特性。

5.巴克夏猪

巴克夏猪是原产英国的古老品种。

外貌特征：巴克夏猪被毛黑色，头、尾和四肢末端有白毛而呈“六白”，头短小，嘴筒短，颜面稍凹，两耳竖立微前倾，颈粗短，胸深宽，背腰平直，四肢短而有力，躯体形似圆桶状。

生产性能：①肥育性能：育肥猪平均日增重 476 克左右，屠宰率 73.85%，胴体中瘦肉占 54.56%、脂肪占 32.06%、皮占 5.41%、骨占7.95%。腿臀比例 26.84%，花板油比例 5.06%。②繁殖性能：在一般饲养管理条件下，公、母猪于 10 月龄、体重 100 千克左右开始配种。母猪平均产仔数 7 头左右。仔猪平均初生重为 1.33 千克。

6.皮特兰猪

皮特兰猪原产于比利时的布拉帮特省，是由法国的贝叶杂交猪与英国的巴克夏猪进行杂交，然后再与英国的大白猪杂交育成的。主要特点是瘦肉率高，后驱和双肩肌肉丰满。

体型外貌：皮特兰猪毛色呈灰白色并带有不规则的深黑色斑点，偶尔出现少量棕色毛。头部清秀，颜面平直，嘴大且直，双耳略

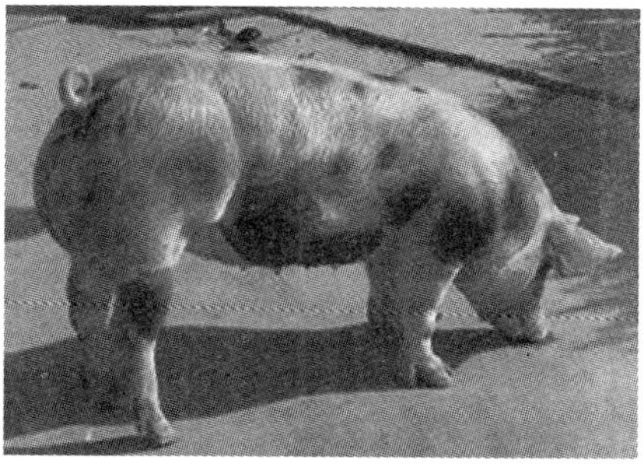

微向前；体躯呈圆柱形，腹部平行于背部，肩部肌肉丰满，背直而宽大。体长1.5~1.6米。

生产性能：①肥育性能：在较好的饲养条件下，皮特兰猪生长迅速，6 月龄体重可达 90~100 千克。日增重 750 克左右，每千克增重消耗配合饲料 2.5~2.6 千克，屠宰率 76%，瘦肉率可高达 70%。②繁殖性能：仔猪育成率在 92%~98%。母猪的初情期一般在 190 日龄，发情周期 18~21 天，每胎产崽数 10 头左右，产活崽数 9 头左右。

小资料 1：国外养猪奇招

小苏打增重：在美国，试验将小苏打加到缺乏赖氨酸的猪饲料中，以弥补赖氨酸的不足。这种方法有利于粗纤维的消化吸收，使猪长肉多，增重快。

柠檬酸增重：在英国，试验在每千克饲料中添加 30 克柠檬酸，能增加饲料的适口性，改善猪对营养物质的消化吸收能力，提高饲料的转化率，可使猪从日增重 189 克提高到 216 克。这种方法最适合喂养体重 5~10 千克的断奶猪。

甲酸钙增肥：在芬兰，试验在仔猪断奶后头几周饲料中添加 1.54 克甲酸钙，从而使仔猪的生长速度提高了 12% 以上，饲料转化率可 4%，并能减少仔猪的发病率。

“搬家”育肥：美国育肥猪换圈可使猪增加食欲生长加快。换圈不宜过勤，以每月一次为宜，圈的大小、形式要基本相同。每组猪群不要任意调换或掺入新猪，否则猪群会感到不安，甚至相互咬头。

高蛋白增重：英国从母猪分娩前2周开始，给母猪喂含18%以上粗蛋白的高蛋白饲料至断奶期，断奶后改喂低蛋白的普通饲料。这样不仅能明显提高仔猪的初生和断奶体重，减少患病率，而且还能缩短母猪的产仔周期，提高了受胎率和产仔猪。

维C促优生：德国在公猪的饲料中每日添加1~4克维生素C，可提高公猪精液品质。美国在临产一周的母猪日粮中添加1克维生素可大大减少仔猪脐带出血及仔猪死亡率。

母猪多产法：德国从仔猪断奶的第三天起给母猪喂食时添加200克维生素E和400克胡萝卜，到母猪发情时，将这两种添加剂的数量减少50%，喂至怀孕后21天止。采用这种饲喂法可使母猪产仔数增加21.9%，而且母猪、仔猪体质强壮，仔猪成活率也会提高。

小资料2：口蹄疫

口蹄疫是牛、羊、猪等的一种急性、热性传染病，人也可感染，是一种人兽共患病。猪口蹄疫的临床特征是在蹄冠、趾间、蹄踵皮肤发生水疱和烂斑，部分病猪口腔黏膜和鼻盘也有同样变化。有一种单纯性猪口蹄疫，只引起猪发病，牛、羊极少感染发病，其症状和一般口蹄疫相同。口蹄疫的病原体是口蹄疫病毒，分为7个主型，即甲型(A型)、乙型(O型)、丙型(C型)、南非1型、南非2型、南非3型和亚洲1型，其中以甲型和乙型分布最广，危害最大。单纯性猪口蹄疫是由乙型病毒所引起，以各型病毒接种动物，只对本型产生免疫力，没有交叉保护作用。口蹄疫病毒对外界环境的抵抗力很强，不怕干燥，在自然条件下，含病毒的组织与污染的饲料、饲草、皮毛及土壤等保持传染性达数月之久。粪便中的病毒，在温暖的季节可存活29~33天，在冻结条件下可以越冬。但对酸和碱十分敏感，易被碱性或酸性消毒药杀死。为了确定口蹄疫与猪水疱病区别，必须进行实验室检查。

口蹄疫传播迅速，流行猛烈，常呈流行性发生。发病率很高，病死率一般不超过5%。多发生于冬季，到夏季往往自然平息。单纯性猪口蹄疫的特点略有不同，仅猪发病，不感染牛、羊，不引起迅速扩散或跳跃式流行，主要发生在集中饲养的猪场和食品公司的活猪仓库，或城郊猪场以及交通密集的铁路、公路沿线，农村分散饲养的猪较少发生。口蹄疫病毒具有多型性，而其流行特点和临床症状相同，其病毒属于哪一型，需经实验室检查才能确定。另外，猪口蹄疫与猪水疱病的临床症状几乎无差别，也有赖于实验室检查予以鉴别。首先将病猪蹄部用清水洗干净，用干净剪子剪取水疱皮，装入青霉素（或链霉素）空瓶，最好采 3~5 头病猪的水疱皮，冷藏保管，一并迅速送到有关检验部门检查。

第五节 世界养羊业概况

养羊业一直与人类生活息息相关，但随着时代的发展，人类对养羊业的要求已经发生了相应的变化。16~17 世纪，西班牙美利奴羊的出现及其在世界各地的传播和 18 世纪初人们追求高档毛料，使养羊业注重羊毛生产，培育了大量的毛用羊特别是细毛羊，形成了以细毛羊为主的世界养羊业。至19世纪，在世界范围内基本上形成了具有区域经济特征、适应区域自然资源特点、体现民族特色的羊毛生产体系，并由此推动了毛用羊产业的形成。如澳大利亚细毛养羊业始于18世纪后期，19世纪已发展为农业的主要产业，20世纪，绵羊的数量和羊毛产量多年居世界第一位，号称“绵羊王国”。20世纪50年代前，国外养羊业一般以饲养毛用羊为主，肉用羊为辅，即“毛主肉从”。50年代以后，随着化纤合成工业和服装业的飞速发展，羊毛在纺织工业中的比重逐渐下降，毛用羊的饲养受到了很大冲击。同时，由于人民生活水平的提高及自身保健意识的增强，人类对羊肉的需求量逐年增加，羊肉的生产效益远高于羊毛生产。因此，国外养羊业的发展逐渐由毛用型转向了肉用型方向。肉羊业在大洋洲、美洲、欧洲和一些非洲国家得到迅猛发展，世界羊肉的生产和消费显著增长，并且许多国家羊肉由数量型增长转向质量型增长，生产瘦肉量高、脂肪含量少的优质羊肉，特别是羔羊肉，并开展了相关育种工作。

20世纪60~70年代以来，世界养羊业发展较为缓慢。2002年世界羊存栏数为17.8亿只，其中绵羊占58%，山羊只占42%。羊群结构各地区、各国有明显差异，欧洲、大洋洲与北美洲以绵羊为主，而亚洲、非洲绵羊与山羊兼而有之。羊多分布于亚洲、非洲、欧洲和大洋洲。近年来，中国养羊业发展极为迅速，2002年羊存栏数达到3.16亿只，跃居世界首位，占世界羊总数的17.8%，其中绵羊1.44亿只，山羊1.73亿只。印度位居世界第二位，2002年羊存栏数达到1.83亿只，以山羊为主，达1.24亿只。澳大利亚已退居世界第三位，2002年羊存栏数达到1.13亿只，绝大部分是绵羊为主，几乎无山羊。世界主要养羊大国还有苏丹、巴基斯坦、伊朗、尼日利亚、孟加拉、索马里、巴西等。

一、毛用方向养羊业及羊毛业发展概况

20世纪70年代以来，世界羊毛产量呈下降趋势，1980年年产羊毛279万吨，1990年为334万吨，2002年为221万吨，2002年比1980年下降了16.3%。羊毛多产于澳大利亚（占60%以上）、中国（占30%）、欧盟15国（占17%）。羊毛行业发展缓慢的原因主要是合成纤维的竞争，国际市场需求减少，其次为市场肉价上浮，多屠宰羔羊，以及一些国家为适应市场需求而改变羊群结构等。世界养羊业的发展趋势是：过去多以毛用为主，现已向毛肉兼用型发展；肥羔羊生产向专业化方向发展，实现企业化、大型化生产；改良山羊，发展奶山羊和马海毛等。

世界许多国家开始生产优质羊毛，并进行了相关育种工作。最近对羊毛质量的要求发生了重大变化。特点之一是毛纺市场对羊毛细度提出了更高要求，在澳大利亚，羊毛减产的几乎全是较粗的细羊毛，即平均纤维直径在19微米以上的。而19微米以下的羊毛却大幅度增产，1988~1989年这类细毛只占4.4%，1996~1997年为14%，1998~1999却高达20%。培育细毛羊新品种和研究细羊毛加工中的变细技术，即由18微米变为16微米，并形成无卷曲、有强光泽、似蚕丝状的细羊毛在澳大利亚已经兴起。

二、肉羊发展概况

羊肉与猪、牛肉及其他肉类相比具有许多优点：第一，羊肉肌纤维较细，肌间含脂丰富，故柔嫩多汁，口感极好。第二，羊肉胆固醇含量较低，据测定每100克羊肉中仅含胆固醇29毫克，食用羊肉可减少因胆固醇过高而可能引起的心血管疾病。第三，羊肉中的蛋白质含量较高，人类第一限制性氨基酸——赖氨酸含量丰

富，还含有丙氨酸、甘氨酸、脯氨酸，对发育中的儿童及病人有特殊的营养作用。肉羊已成为世界畜牧业发展的重要组成部分。英国是典型的“肉主毛从”国家，全国38个绵羊品种均为肉用型品种，其羊肉收入占养羊业收入的80%左右；美国绵羊品种的92%为肉用类型，羊肉收入占养羊业收入的83%；法国绵羊的75%为肉用类型，羊肉收入占95%；新西兰被誉为“羊肉王国”，毛用羊只占5%左右。

在养羊业发达国家，肥羔生产正趋向于良种化、规模化、专业化、集约化。国外羊肉产量较高的国家，欧洲有英国、法国、俄罗斯、罗马尼亚；美洲有美国、巴西、墨西哥；大洋洲两国；亚洲有中国、印度、巴基斯坦等。世界若干国家已将养羊业重点转到羊肉生产上，充分利用本国条件，采用高新技术、集约化的饲养方式，建立本国的羊肉生产体系。

羊肉在人们肉类消费比重中的不断上升，不仅刺激了绵羊生产方向的变化，而且使羊肉生产向集约化、工厂化方向转变，还引起了人们对多胎绵羊品种的重视。其利用途径主要集中在：利用芬兰羊、罗曼诺夫等品种资源来培育新的生产性能更高的多胎品种；利用多胎品种进行广泛的经济杂交来生产肥羔。

根据新西兰育种协会（NZBA）1998年资料，现阶段新西兰饲养的绵羊品种29个，一般均属于生长发育快、早熟、肉毛性能好、繁殖率高的肉用或肉毛兼用专门品种；注重经济杂交，利用杂交优势，并向多元杂交发展，选择体大、早熟、多胎和肉用性能好的亲本进行经济杂交。1991年市场上需求的胴体不仅要瘦，而且肉要多，所以新西兰育种向生产15千克以上较大胴体、脂肪含量24%、眼肌面积11平方厘米的标准努力。到1994年，新西兰95%的羔羊肉、55%的成羊肉用于出口，占世界羊肉出口的44%。澳大利亚根据市场发展需求，利用美利奴 × 边区来斯特×肉用短毛羊(如无角陶赛特)三元杂交方式生产肥羔,但由于各地自然条件不同,选择杂交的父本品种也不一样。其生产的40%的羊肉用于国内市场,出口市场为中东和日本。现在,由于乌拉圭谈判的结果增加了羊肉出口的困难,国内市场成为主要市场,约占羊肉总量的85%。

在美国,“肉主毛从”是其主要特点。绵羊3~4月龄断奶,育肥至6月龄,使屠宰活重为40~45千克。生产方式为山区草原繁殖、平原集约化育肥,以发挥地区优势。绵羊数为澳大利亚的6.44%,而羊肉产量为其17.57%。育肥羔羊区分为肥羔和料羔两种。前者是正常断奶日龄前育肥出售的奶羔;后者是断奶后育肥或放牧育肥的羔羊,是生产羔羊肉的主要方式。美国由于良种化程度高,重视萨福克和汉普夏肉羊品种的利用,采用精料型饲养方式和龙头企业的带动,促使养羊业生产效益提高。

三、国外发展肉羊业的主要方法

(一)引进和培育适宜本国羊肉生产的绵羊品种

20世纪60年代以来,国外对绵羊育种的主要目标是:母羊性成熟早、全年发情、产羔率高、泌乳力强、羔羊生长发育快、饲料报酬高、肉用性能好,并注意把羊肉与产毛性状结合起来。如英国育成的考勃来羊,是用德国东佛里生羊与三个英国品种(边区来斯特、克仑森林和有角陶塞特羊)杂交而成,全年发情,产羔率200%~250%,产奶量高,肉用性能和羊毛品质好,是育种上的一个突破。新西兰20世纪80年代以来有目的地引进特克塞尔、萨福克等种羊来提高优质羔羊肉的生产水平。近几年来,新西兰最大的羊毛生产商Landcorp公司进行超级羔羊的生产和培育工作,即用无角陶赛特、特克塞尔、罗姆尼等品种公羊与公司所属牧场饲养的50多万只幼龄母羊交配,将所生后代按生长速度、瘦肉率和眼肌大小挑选出来，放在优良牧场育肥，获得胴体瘦肉率高的羔羊肉。

(二)选择体大、早熟、多胎和肉用性能好的种羊，广泛开展经济杂交

美国、英国、新西兰、澳大利亚和阿根廷等国家，把经济杂交作为生产羔羊肉的主要手段。如美国用萨福克、汉普夏、南丘羊作为父本，以蓝布列、芬兰羊等作为母本；新西兰以无角陶赛特和萨福克作终端父本，以纯种罗姆尼和考力代等为母本进行经济杂交。美国农业部专家估计，20 世纪 70 年代羔羊肉收入的增加，30%~60%是经济杂交的结果。

(三)注重草场建设，有完整的肥育体系

如新西兰政府和农场都非常注重草场改良和人工草场的建设。农场对人工草场的建设，每公顷一次性投入约 1200 新元左右，播种的牧草主要有黑麦草和三叶草。草场围栏的总长度 80.5 × 104 公里，围栏面积占全国草场面积的 90%以上。用牛、羊混合放牧来调节牧草高度和草生状况，并且研究土壤 – 草场 – 家畜生态系统，让三者最佳结合，获得最大的经济效益。

(四)研究和应用新技术

研究集约化肉羊生产所必需的繁殖控制技术、繁殖利用制度、饲养标准、饲料配方、育种技术、农副产品和青粗饲料加工利用技术，以及工厂化、半工厂化条件下生产肉羊的配套设施、饲养工艺和疫病防治程序等。

四、国外羊品种介绍

1.波尔山羊

波尔山羊是一个优秀的肉用山羊品种。该品种原产于南非，作为种用，已被非洲许多国家以及新西兰、澳大利亚、德国、美国、加拿大等国引进。

关于波尔山羊的起源，目前的说法一来自南非，二来自印度，三来自欧洲。现认为这三种来源均存在。实际上波尔羊真正命名是在1800~1820年，是在南非经过近两个世纪的风土驯化、杂交选育而成的大型肉用山羊品种。早在19世纪初，随着羊场主的居住趋于安定，人们就开始对其所饲养的山羊的某些性状有目的地进行选择。经过约一个世纪的漫长选育，逐渐形成了具有良好体形、高生长率、高繁殖率、体躯被毛短、头部和肩部有红色毛斑和改良型山羊。自1959年7月南非成立波尔山羊育种者协会，并制定选育方案和育种标准，之后，波尔山羊的选育进入了正规化育种。最初的育种标准主要描述波尔山羊的形态特征，随着生产者认识和接受波尔山羊生产性能测定的优点，开始进入波尔山羊生产特征方面的选择阶段，最终形成了目前的肉用波尔山羊，定名为改良波尔山羊。

波尔山羊的外貌特征：头部坚实，有大而温顺的棕色双眼，有一坚挺稍带弯曲的鼻子和宽的鼻孔，有结构良好的口与颚，至4牙时应完全相称，恒齿应在适宜的解剖学位置。额部突出的曲线与鼻和角的弯曲相应。角坚实，中等长度，渐向后适度弯曲，暗色，圆而坚硬。耳宽阔平滑，由头部下垂，长度中等。

体躯：理想型应有长、深且宽阔的体躯。多肉的开张肋骨与腰部相称，背部宽阔平直，肩后不显狭窄。

四肢：四肢强健结构好，肌肉太多者属非理想型。所谓强壮的四肢是指结实，适应性强，这是波尔山羊重要的基本特征。

皮肤和被毛：松软的皮肤，有充足的颈部和胸部褶皱，尤以公羊为甚，这是一个基本特征。眼睑和无毛部分有色系，尾下无毛的皮肤应有75%的色素区，种羊则以100%的色素为理想。毛短有光泽。少量绒毛有利于耐受冬季的寒冷。

体色：理想型应为头、耳红色的白山羊。有丰富的色素沉着，具明显光泽，允许淡红至深红。种羊头部两边除耳部外至少有10厘米直径的红色斑块，两耳至少有75%红色区和同样比例的色素沉着区。

生产性能：羊的经济性状体现为优质高产的畜产品，进而体现在投入与产出比，能获得高效益。成年波尔山羊公羊、母羊的体高分别达75~90厘米和65~75厘米，体重分别为95~120千克和65~95千克。屠宰率较高，平均为48.3%。波尔山羊可维持生产价值至10岁，是世界上著名的生产高品质瘦肉的山羊。此外，波尔山羊的板皮品质极佳，属上乘皮革原料。波尔山羊属非季节性繁殖家畜，一年四季都能发情配种产羔。母羊6月龄成熟，由于在秋季性激素水平较高，故而春夏性活动较少。据100头母羊的产羔结果，产单羔者24头，双羔者58头，三羔者15头，四羔者1头。平均窝产羔数为1.93头。公羊6月龄成熟，在放牧的情况下平均配种15头母羊；9月龄以上平均可配种30头母羊。高产羔率意味着提高了每头母羊和单位面积肉产量。

适应性：波尔山羊是最耐粗饲料和适应性最强的家畜品种之一。能适应南非各种气候地带，包括内陆气候、热带和亚热带灌木丛、半荒漠和沙漠地区。在干旱情况下，不供水和饲料，与其他动物相比存活时间最长。有放牧习性，可采食小树和灌木以及其他动物不吃的植物。采食范围大，高可至160厘米的树叶和树皮，低至10厘米的牧草，因而适于与牛混牧，提高每公顷牧地的产肉量。此外，由于波尔山羊有采食灌木的习惯，可用于控制灌木的丛生和蔓延。

因波尔山羊具有上述的耐粗性和适应性，故不仅适于在南非饲养，同样适于在其他国家发展。波尔山羊有罕见的抗病能力，例如抗蓝舌病、氢氰酸中毒症和肠毒素血症等。

2.德国肉用美利奴羊

产于德国，主要分布在萨克森州农区。用泊力考斯和英国莱斯特公羊同德国原产地的美利奴母羊杂交培育而成。早熟，羔羊生长发育快，产肉率高，繁殖力强，被毛品质好。

外貌特征：公母羊均无角，颈部及体躯皆无皱褶。体格大，胸深宽，背腰平直，肌肉丰满，后躯发育良好。被毛白色，密而长，弯曲明显。毛密而长，弯曲明显。毛长公羊8～10厘米，母羊6～8厘米。毛细母羊为22～24微米，公羊22～26微米。剪毛量公羊7～10千克，母羊4～5千克。净毛率40%～50%。

生产性能：体重成年公羊100～140千克，母羊70～80千克。羔羊生长发育快，日增重300～350克，130天可屠宰，活重可达38～45千克。胴体重18～22千克，屠宰率47%～49%。德国肉用美利奴羊具有高的繁殖能力，性早熟，12个月龄前就可第一次配种，产羔率150%～250%。泌乳性能好，羔羊生长发育快，母羊保姆性好，羔羊死亡率低。

适应性：该品种的适应性在所有的羊品种中相对较好，对各地的气候或恶劣的环境条件都能很好地适应。

3.夏洛来羊

夏洛来羊原产于法国中部的夏洛来丘陵和谷地。夏洛来地区过去饲养本地羊，主要作为肉羊供应首都巴黎。以后因羊毛工业兴起，曾引进美利奴羊进行杂交。1820年以后，法国羊毛工业不振，农

户转向生产肉羊，于是引入英国莱斯特羊与当地羊杂交，形成了一个比较一致的品种类型,1963 年命名为夏洛来肉羊,1974 年法国农业部正式承认这个品种。该品种早熟,耐粗饲,采食能力强,对寒冷潮湿或干热气候表现较好的适应性，是生产肥羔的优良品种。

外貌特征:夏洛来羊公、母羊均无角,头部无毛,脸部呈粉红色或灰色,额宽,耳大,颈短粗,肩宽平,胸宽而深,背部肌肉发达,体躯呈圆桶状,身腰长,后躯宽大。两后肢距离大,肌肉发达,呈“U”字形,四肢较矮,肢势端正,肉用体型良好。被毛同质,白色。毛长 4.0 ~ 7.0 厘米,毛纤维细度 25.5 ~ 29.5 微米,剪毛量成年公羊 3 ~ 4 千克,成年母羊 1.5 ~ 2.2 千克,被毛匀度有时略差。

生产性能：夏洛来羊生长发育较快，一般 6 月龄公羔体重为 48 ~ 53 千克,母羔 38 ~ 43 千克;7 月龄出售的种羊标准公羔 50 ~ 55 千克,母羔 40 ~ 45 千克。成年公羊体重 100 ~ 150 千克,成年母羊 75 ~ 95 千克。夏洛来羊胴体质量好,瘦肉多,脂肪少,屠宰率在 55%以上。产羔率高,经产母羊为 182.37%,初产母羊为 135.32%。夏洛来羊为季节性发情,在法国,一般在 8 月中旬至 1 月份,但发情旺季在 9、10 月份。

4.萨能(奶)山羊

萨能山羊原产地瑞士，是奶山羊品种的代表,分布最广,除气候十分炎热或非常寒冷的地区外,世界各国几乎都有,现在半数以上的奶山羊品种都有它的血缘。

体型外貌：萨能山羊身体结实，结构匀称，乳用性明显。头长清秀，鼻直口方眼大，耳长而直立。母羊颈长、胸宽、背平、腰长、腹大而不下垂，乳房大，多为大圆形，质地柔软，乳头对称、大小适中。公羊头大颈粗，胸部宽深，背腰平直，腹部紧凑，外形雄伟，睾丸发育良好。公母羊四肢结实，肢势端正。被毛白色，部分羊头部、耳、鼻、唇、乳房等皮肤上有黑斑，大多数羊无角有髯，部分有肉垂。

生产性能：萨能山羊在一周岁前生长较快，一岁以后生长速度变慢，但仍能维持生长。一月龄内，日增重可达 180 克；二月龄后日增重降为 100 克；三、四月龄后，采食能力增强，对饲料消化吸收率提高；1 周岁时，公、母羊体重分别可达 54 和 34 千克。成年公羊 78 千克、母羊 47 千克。另据测定，萨能羊屠宰率为 49.7%，净肉率 39.5%。萨能山羊性成熟早，繁殖率高，母羊初情和公羊性成熟一般在 4~5 月龄，公母羊多在 8~10 月龄配种。发情季节为每年 8 月至翌年 2 月，9~11 月发情最多，母羊发情周期平均 21 天，发情持续期 28.5 小时(16~40 小时)，排卵时间在发情后 30 小时，妊娠期约 150 天。产羔率，第一胎 144%，第二胎 190%，三至五胎超过 200%。种羊的利用年限为 6~7 年。

5.萨福克羊

萨福克原产于英国。

外貌特征：该品种体大、骨骼坚强、早熟、生长发育快、产肉性能好。母羊母性好。公、母羊均无角，颈粗短，胸宽深，背腰平直，后躯发育丰满，成年羊头、耳及四肢为黑色，被毛含有色纤维。四肢粗壮结实。

生产性能：成年公羊体重 100~120 千克，母羊 70~80 千克。毛长 7~8 厘米，细度 56~58 支，剪毛量 3~4 千克，净毛率 60%以上，产羔率 130%~140 %。3 个月龄羔羊胴体重达 17 千克，肉嫩脂少。因早熟、产肉性能好，在英国、美国用作肥羔生产的终端品种。

6.杜泊肉用绵羊

杜泊羊原产于南非，能良好地适应广泛的气候条件和放牧条件。该品种在培育时主要用于南非较干旱的地区，但今天已广泛分布在南非各地，而且在多种不同草地草原和饲养条件下都有良好表现，在精养条件下表现更佳。杜泊羊具有良好的抗逆性，在较差的放牧条件下，许多品种羊不能生存时，它却能存活，即使在相当恶劣的条件下，母羊也能产出并带好一头质量较好的羊羔。杜泊羊食草性强，对各种草不挑剔。从饲养数量看，杜泊羊是目前南非第二大品种羊，具有生产率高、增重速度快、胴体品质好、适应性强、食草广泛、母性好等特点。

生产性能：高繁殖率，繁殖期长，不受季节限制。在良好的生产管理条件下，杜泊母羊可在一年四季任何时期产羔。母羊的产羔间隔期为 8 个月，因此，在饲料条件和管理条件较好的情况下，母羊可达到 2 年 3 胎。杜泊羊具有多羔性，在良好的饲养管理条件下，一般产羔率能达到 150%；在较一般放养条件下，产羔率为 100%；在由大量初产母羊组成的羊群中，产羔率约在 120%左右。杜泊羔羊生长迅速，断奶体重大，3.5~4 月龄的杜泊羔羊体重可达 36 千克，屠宰胴体约为 16 千克，羔羊不仅生长快，而且具有早期采食的能力。一般条件下，羔羊平均日增重 81~91 克。生长良好的羔羊，

杜泊羊

其胴体品质无论在形状或脂肪分布方面均能达到优秀的标准。年龄为A级(年轻、肉嫩、多汁)、脂肪2~3级(肉味道好)、形状为3~5级(中等到圆形胴体)的杜泊羊胴体称为最优级胴体,销售时冠为钻石级杜泊羊。在大多数羊场中,可以进行放养,也可饲喂其他品种家畜较难利用或不能利用的各种草料,羊场中既可单养杜泊羊,也可混养少量的其他品种,使较难利用的饲草资源得到利用。

第六节 世界家禽业概况

家禽是指经过人类长期驯化和培育而成,在家养条件下能正常生存繁衍并能为人类提供大量的肉、蛋等产品的鸟类,主要包括鸡、鸭、鹅、火鸡、鸽、鹌鹑、珠鸡、鸵鸟等。其中鸡、鸭和鹌鹑分化出蛋用和肉用两种类型,其余的家禽均为肉用动物。鸭和鹅合称为水禽。

一、禽肉生产概况

近20年来,由于对肉禽的需求迅猛增加,肉禽业迅速发展,禽肉产量占肉类总产量的比重在不断提高。这主要是由于禽肉、蛋营养价高,且蛋食用简便、宜快餐;生产周期短,生产量大,繁殖力强;投资少,见效快,收益高。再加上肉禽业科学技术的快速发展,肉禽业规模化和产业化,混合饲料工业日益发达等使得肉禽业发展很快。鸡是世界家禽饲养业的主要种类之一。第二世界大战后,特别是20世纪60年代以来,世界养鸡业发展异常迅速。2002年世界鸡存栏数155亿只,多集中分布在亚欧大陆,中国居首位,其次为美国、巴西和墨西哥等。

世界肉鸡屠宰只数在1998年为4000亿多只,1999年为4250亿只,2000年为4500亿只。2002年世界禽肉产量达到7387万吨,是1980年的2.8倍,其中鸡肉6340万吨,占到86%,其次是火鸡肉519万吨，鸭肉321万吨，鹅肉207万吨。从肉禽生产的地区分布看，2002年亚洲以2463万吨的产量超过了北美居首位，北美以1846万吨的产量居第二位，之后是中南美洲及欧洲。在各大洲之间家禽屠宰量增长的幅度差异较大，其中，亚洲的屠宰总量增加最多，达到78.93亿吨。尽管南美洲的增幅最大，但是其肉禽屠宰总量的增加仅为37.39亿吨。从国家分布看，美国禽肉产量一直居世界第一位，禽肉主要生产国还有中国、巴西、法国、墨西哥、英国、泰国、日本、意大利、加拿大、西班牙和阿根廷。

二、禽蛋生产概况

世界禽蛋产量在1999年已经突破5345万吨。1999年产蛋量在100万吨以上的有6个国家，中国位居榜首，其次为美国、日本、巴西、墨西哥、法国。亚洲的鸡蛋产量占世界总产量的60%，其中中国鸡蛋产量占亚洲的近60%。世界鸡蛋增产主要是由于亚洲地区的增产。最近10年以来，亚洲地区增产1450万吨，仅中国就增产1100万吨，而印度、印度尼西亚、韩国、菲律宾、马来西亚等的产量都在不断增加。2000年全世界共生产约1.2兆个鸡蛋。

三、禽产品贸易概况

全世界鸡肉的出口增加率偏低，但仍然维持增加的趋势。2002年美国是最大的鸡肉出口国，出口量达到217.7万吨，其次是巴西、欧盟和泰国，分别为158.8万吨、85万吨和50万吨。俄罗斯联邦是世界最大鸡肉进口国，2002年鸡肉进口量达到120.8万吨，其次是日本、中国（包括香港地区）和欧盟，分别为74.4万吨、63万吨和41万吨。

世界带壳蛋的交易比较稳定，交易量约为每年85万吨，但这不足世界鸡蛋产量的2%。交易量的大部分在欧盟，主要买方是德国等，约每年进口50万吨。亚洲约有34万吨的交易量，其中香港每年约购买9万吨。

日本是世界鸡蛋、鸡肉的生产大国，也是世界上鸡蛋和鸡肉的进口大国。但是在鸡蛋进口上主要是进口加工蛋。液体蛋的世界交易量每年约为10万吨以上，其中的80%由欧盟进口，剩下20%由日本进口。日本每年进口至少1.5万吨。

四、养禽业的发展趋势

（一）缩短肉鸡的育肥期

在畜牧业发达的国家，肉用仔鸡的平均活重已由1.5千克提高到1.8~2.0千克，育肥期则由95天缩短到42天。据预测，在不久的将来，肉鸡育肥期35天活重便可达到1.8~2千克，出栏时间几乎每三年将缩短2天。

（二）降低饲料耗量

目前的水平是每增重1千克消耗的饲料已从3.84千克减少到2千克，不用多久，将培育出每增重1千克耗料不到1.5千克的新型鸡种。饲料消耗每3年将减少100克以上。

（三）提高母鸡的繁殖力

充分利用具有矮小型基因的鸡，广泛采用人工授精技术。性成熟期适当提前，产蛋期延长到76~80周龄并保证末期产蛋率不低于65%，每只母鸡平均每年增多1枚蛋，饲料报酬将继续改善。

（四）改善胴体品质

目前，肉鸡的腹脂肪仍然偏多，美国每年在这方面的损失至少1亿美元。肉鸡胸肌出肉率将由目前的13%~17%提高到20%~22%，屠宰率按活重计算将超过70%，鸡肉的品质将进一步得到改善。

（五）改进饲养工艺，降低生产成本

今后日粮配方将根据饲料资源、成本和易得程度来加以调整。肉鸡的日粮组成已由30年前的9种减少为目前的6种，将大量使用玉米等来源广泛的廉价饲料，而配合饲料的营养水平并未降低。鱼粉、维生素添加剂等因来源不易和价格昂贵而受到一定限制，经济实惠的微量元素添加剂等将备受重视。

五、国外家禽品种介绍

1.火鸡

火鸡即吐绶鸡，又称七面鸡，本为野生，现已驯化为肉用家禽。

外貌特征：全身披黑、白、深黄等色羽毛，头、颈上部裸露，有红珊瑚状皮瘤，喉下有肉垂，颜色由红到紫，可以变化。公火鸡尾羽可展开呈扇形，胸前一束毛球，母火鸡重为8~9千克，年产火鸡蛋50~80枚，每枚蛋重20~80克。目前饲养品种以“青铜火鸡”和“白色火鸡”为多。

生产性能：火鸡以其体形大，生长迅速，抗病性强，瘦肉率高而受人瞩目，可与肉用鸡媲美，被誉为“造肉机器”。火鸡肉不仅肉质细嫩、清淡，在营养价值高蛋白质含量在30%以上，火鸡肉在国外被认为是心脑血管疾病患者的理想保健食品，同时，火鸡肉也是益气补脾的食疗佳品。目前，世界上有许多国家以火鸡肉代替牛肉、猪肉、羊肉和鸭肉。

2.澳洲黑鸡

著名的优良卵肉兼用型鸡品种。由英国的黑色奥品顿鸡在澳大利亚经严格选育而成。全身羽毛黑色，并带有墨绿色光泽。体躯高大、单冠大型、红色，冠峰5个，肉垂、耳叶也为红色。嘴、脚均为黑色。成年公鸡体重约3～4千克，母鸡2.5～3千克。肉质细嫩。成熟早，6～7月龄即可产卵，年产量为180个左右，蛋重55～60克，卵壳褐色。澳洲黑鸡的性情温驯，觅食能力强，较能抗寒，适应各地饲养。

3.白来航鸡

原产于意大利，为著名的蛋用型鸡种，是培育商品蛋鸡系的主要品种之一。1835年由意大利的来航港运往美国，以后输入英、法、德及丹麦等国，迄今已遍布全世界，为最著名的蛋用型鸡种。来航鸡有多种羽色和两种冠形。

外貌特征：白来航鸡体型小而清秀，全身羽毛白色而紧贴。冠大鲜红，公鸡的冠较厚而直立，母鸡冠较薄而倒向一侧。胫、趾和皮肤均呈黄色，耳叶白色。富神经质，非常敏感，易受惊吓。

生产性能：成熟早，无就巢性，产蛋量高而饲料消耗少。5月龄时可达性成熟，年产蛋200~250枚，高产的可达300枚，平均蛋重54~60克。体重较轻，成年公鸡体重2~2.5千克，母鸡1.75~2千克。

4.洛岛红鸡

洛岛红鸡育成于美国洛德岛州，属兼用型鸡种。

该品种羽毛呈深红色，母鸡的性成熟期平均为180天，年产蛋量为160~170个，高产者可达200个。蛋重为60~65克。蛋壳褐色，但深浅不一。

5.白科尼什鸡

原产于英国，为著名的肉用型鸡种。此鸡为豆冠。喙、胫和皮肤为黄色，羽毛为显性白色。用它与有色母鸡杂交，后代均为白色或近似白色。该鸡以体大、生长快，肉用性能好而著称。成年公鸡 4.5~5.0 千克，母鸡 3.5~4.0 千克，但产蛋量少，年产蛋 120 枚左右，蛋重 54~57 克。该品种一般均用作生产肉用仔鸡的父系。

6.白洛克鸡

原产于美国。全身羽毛白色，喙、胫和皮肤均为黄色，耳叶为红色。该鸡种具有体型大、生长快、易育肥、产蛋较多等特点，成年公鸡体重 4.0~4.5 千克，母鸡 3.0~3.5 千克，年产蛋 120~140 枚，高的可达 180 枚，蛋重 60 克左右。白洛克鸡一般均用作生产肉用仔鸡的母系。

7.芦花洛克鸡

原产于美国，为著名的蛋肉兼用型品种。全身羽毛呈黑白相间的芦花纹，具有生长快、产蛋多、肉质好、易育肥的特点。成年公鸡体重为 4.3 千克，母鸡为 3.5 千克，年产蛋 170~180 枚，高产者可达 230~250 枚，蛋壳褐色，蛋重 56 克左右。

小资料:禽流感

禽流感是禽流行性感冒的简称。高致病性禽流感是一种由流感病毒引起的鸡的急性、热性、高度接触性传染性疾病,被世界动物卫生组织定为A类传染病,被中国定为一类传染病,又称真性鸡瘟或欧洲鸡瘟。不仅是鸡,其他一些家禽如鸭、鸽和野鸟都能感染禽流感。

目前在全球流行的禽流感病毒是H5N1亚型高致病性禽流感毒株,通常无典型临床症状,发病急,体温升高,食欲废绝,伴有出血综合症,并随之死亡。死亡率高达100%,给养禽企业造成毁灭性的打击。高度致病性禽流感往往突然爆发,无任何临床症状而家禽纷纷死亡。病程稍长的可见精神萎靡、不食、衰弱、羽毛松乱,头、翅下垂,鸡冠和肉髯呈暗紫色,头部水肿,结膜肿胀发炎,鼻腔内有黏性分泌物,病鸡常摇头,呼吸困难。有些病例出现神经症状、抽搐、运动失调、瘫痪和半瘫痪、失明。病程一般1~2天,死亡率可达50%~100%。呼吸型禽流感,一般症状为精神食欲较差,产蛋减少,主要表现为明显的呼吸道症状,咳嗽、鸣音、喷嚏和鼻窦肿胀,发病率高,死亡率低。

最早的禽流感记录始于1878年,意大利发生鸡群大量死亡,当时被称为鸡瘟。到1955年,科学家证实其致病病毒为A型流感病毒。此后,这种疾病更名为禽流感。禽流感被发现至今已有100多年。

A型流感病毒能在鸡胚、鸡胚成纤维细胞中生长,大多不致死鸡胚,能凝集多种动物的红细胞。病毒对紫外线敏感,加热55℃(1小时)、60℃(10分钟)可被灭活,对大多数防腐消毒药敏感。病毒在干燥尘埃中可存活2周,在4℃可保存数周,在冷冻的禽肉和骨髓中可存活10个月之久。

A 型流感病毒能感染多种家禽和野禽，在家禽中以鸡和火鸡最易感，其次是雉鸡和孔雀，鸭、鹅和鸽则较少感染。一般认为本病可以通过多种途径传播，如经消化道、呼吸道、皮肤损伤和眼结膜等途径传播。禽流感的扩散主要是通过粪便中大量的病毒粒子污染空气而传播。人员和车辆往来是传播本病的重要因素。吸血昆虫可传播病毒，带毒的种蛋可垂直传播。

第七节 畜牧业与动物福利

所谓动物福利，即人类应该合理、人道地利用动物，要尽量保证那些为人类作出贡献的动物享有最基本的权利，让动物在康乐的状态下生存，如在饲养时给它一定的生存空间，运输、宰杀过程中要尽可能地减少痛苦，不得虐待。广义而言，动物可分为六类，即农场动物、实验动物、伴侣动物、工作动物、娱乐动物和野生动物，而广义的动物福利包括维持动物生命所需福利、维持动物健康所需福利和维持动物舒适所需福利三个部分。

一、动物福利产生与发展

被称为“工厂化养殖”的动物集约化舍饲，首先出现在欧洲和北美，然后迅速传播开来，每年造成数以 10 亿计动物的巨大痛苦，这种生产系统已经引起关怀动物的人们的抗议。

1822 年，被称为“人道的迪克”的理查德·马丁提出《反对虐待以及不恰当地对待牛的行为》的法案在英国国会获得通过。该法案首次以法律条文的形式规定了动物的利益，保护动物免受虐待，因而成为世界上第一个反虐待动物的法案。“马丁法案”是动物保护运动史上的一座里程碑。随后，动物福利立法在世界各国发展起来。目前,英国有关动物保护的法律有10多个,如鸟类保护法、动物保护法、野生动植物法及乡村法、宠物法、斗鸡法、动物麻醉保护法、动物遗弃法案、动物寄宿法案、兽医法等等。

在发达国家,人们考虑到家畜与人类之间的密切关系,强调在饲养、运输和屠宰家畜过程中,应该以人道方式对待之,尽量减少其不必要的痛苦。许多国家更订立法律强制执行动物福利标准,以保证动物在人的管理下,得享基本的生活待遇,并且免遭不必要的痛苦。挪威于1974年就颁布了《动物福利法》。该法规定:为使家畜如牛、羊、猪和鸡等免遭额外痛苦,屠宰前一定要通过二氧化碳或者快速电击将其致昏,再行宰杀。德国于1986年和1998年分别制定了《动物保护法》和《动物福利法》。这两部法律都规定,"脊椎动物应先麻醉后屠宰,正常情况下应无痛屠宰。"对于有害动物的捕杀若不能采用麻醉方法,也须经过许可,其宰杀应以不引起无谓痛苦为原则。瑞典就在原有动物保护法律的基础上,于1997年制定了强制执行的《牲畜权利法》,这部法案对诸如不能用过于拥挤和窄小的笼舍养鸡,在夏季必须把牛放出去吃草,猪要有稻草铺地以便休息等动物的饲养环境做了详细的规定。近几年,不少出口到欧洲国家的肉类制品多次遭到抵制,就是因为动物福利标准太低的缘故。虐待性饲养、运输和屠宰不当使得部分肉类出口国的声誉较低。

关注动物福利的不只是欧美发达国家,东亚许多国家和地区也有各类动物保护法,用以促进动物福利。有的国家既有防止虐待动物的立法,还有专注于一般动物福利的动物保护法,比如菲律宾就在原有《动物保护法》的基础上又制定了《动物福利法案》,日本在原有《动物虐待防止法》(1949)之外,制定了《动物保护管理法》。

在国内法之外,还有一些国际性动物保护公约,这些公约对各缔约国也有相当大的约束作用。比如1976年通过的《保护农畜欧洲公约》,1979年制定的《保护屠宰用动物欧洲公约》等。后者规定

"各缔约国应保证屠房的建造设计和设备及其操作符合本公约的规定,使动物免受不必要的刺激和痛苦。"缔约各国的法规必须与国际公约相配。这也对欧洲国家的动物福利立法有相当大的促进。一般来说,欧美发达国家较早开始注重动物福利立法,并能够因时代变化在法律上做相应的调整。

现在,动物福利制度已在世界范围内迅速发展起来。目前世界上有数千个动物福利组织,其中英国防止虐待动物协会(RSPCA)是世界上历史最为悠久、规模最大的动物福利组织之一。其他还有:世界动物保护协会(WSPA)、国际爱护动物基金会(IFAW)、美国防止虐待动物协会(ASPCA)等,WTO 的规则中也写入了动物福利条款。

二、动物福利的内容

国际动物福利规定动物有"五项基本福利",即:第一,免受饥饿的自由,为动物提供适当的清洁饮水和保持健康和精力所需要的食物,使动物不受饥渴之苦;第二,免受痛苦、伤害和疾病的自由,为动物提供适当的房舍或栖息场所,能够舒适地休息和睡眠,使动物不受困顿不适之苦;第三,免受恐惧和不安的自由,为动物做好防疫,预防疾病和给患病动物及时诊治,使动物不受疼痛、伤病之苦;第四,免受身体热度不适的自由,保证动物拥有良好的条件和处置(包括宰杀过程),使动物不受恐惧和精神上的痛苦;第五,表达所有自然行为的自由,为动物提供足够的空间、适当的设施以及与同类动物伙伴在一起,使动物能够自由表达正常的习性。世界动物卫生组织尤其强调了农场动物的福利,指出农场动物是供人吃的,但在成为食品之前,它们在饲养和运输过程中,或者因卫生原因遭到宰杀时,其福利都不容忽视。

如欧洲对猪的福利规定:小猪出生要吃母乳;要睡在干燥的垫草上;养猪户每天至少花20秒钟跟每头猪相处;应有2~3个玩具

或稻草公仔做消遣，以防打架；拥有拱食泥土的权利；运输车辆必须清洁并按时喂食和供水；运输途中要按时休息；杀猪要快，须用电击，以及不被其他猪看到等。这样猪生活的环境就会卫生，猪生活得就会舒服，患病也少。

三、动物福利与畜牧业安全

在日益重视健康的今天，“动物福利安全” 观念也开始植入人们的头脑。善待动物，动物也会善待人类！欧洲媒体认为，正在全球发生的禽流感疫情与禽类不正确的饲养方式不无关系。欧洲的养鸡业几乎都是在大棚中完成的；而在亚洲，千家百户的鸡养在自家中，并且与猪、鸭、鹅混养也屡见不鲜；加上生活条件及环境恶劣、防疫体系不健全，就更成为各种病毒滋生的温床。不正确的禽类饲养方式在很大程度上增加了人与鸡、鸡与其他动物之间的接触，增加了病毒混合变异和传播的可能性。

动物疾病和人畜共患病关乎人类健康，有着重要的公共卫生意义。动物卫生体系是公共卫生体系的不可或缺的重要组成部分。人的福利和动物福利是密不可分的。近几年出现的疯牛病、禽流感等恐慌事件也从某些方面表明，不遵照动物福利标准，会影响人类健康。

从“动物福利”视角而言，工业化、集约化的养殖中用大量激素、抗生素等来催生、促长，这种为利润最大化而不顾一切地快速追逐商业利益的做法，本质上既是对动物的摧残，更是对人类生命和健康的危害。科学证明，肉食动物在饲养、运输、屠宰的过程中，不能按照动物福利的标准执行，这些动物制品的检验指标就会出现问题，影响肉食品的出口。装卸车、围栏存养和击晕等操作以及其他的人为因素都会造成动物产生短期应激。这些影响因素会使肌肉中发生系列的生化反应，尤其是肌肉中的糖原会迅速降解，屠宰后肌肉变得苍白且呈明显的酸性，这种肉由于味道不好而不能加工处理。当动物处于突然的恐怖和痛苦状态时，肾上腺激素会大量分泌，从而形成毒素。

四、动物福利与畜牧业贸易

2002年，乌克兰向法国出口活猪，经过60多个小时的长途运输把猪运到法国，却被法国有关部门拒之门外，理由是在运输途中没有使猪得到充分的休息，违反了法国有关动物福利的规定。

近年来，一些国家开始将动物福利与动物及动物产品国际贸易紧密挂钩，对进口动物和动物产品的动物福利提出要求，将动物福利作为进口动物和动物产品的一个重要标准。目前，世界各国的动物福利措施已经对动物产品的生产、消费和贸易造成了很大的影响；而且，随着动物福利运动的不断发展，这种影响必将越来越大。首先，动物福利措施最直接地影响了动物产品的生产。毫无疑问，动物福利措施要求相关产品的生产商改变饲养和加工工艺，增加人员和设备投入，因此会提高相关产品的固定成本及可变成本，至少在短期内是如此的。

发达国家纷纷出台有关动物产品的强制性动物福利标签制度，这将在很大程度上对进口动物产品造成影响。例如，欧盟启动鸡蛋标签制度，要求在欧盟市场上销售的鸡蛋需加贴标签，标明其产地和生产体系，后者即能明确标明蛋鸡的福利标准情况。因此，消费者将很容易从鸡蛋外观上得知蛋鸡福利信息，这对蛋鸡福利水平较低的进口产品较为不利。

动物福利也如近年来强调环保与卫生检疫的“绿色壁垒”一样，被称为“道德壁垒”，这就要求现有的畜禽生产方式和动物保健观念都必须向国际标准看齐，不断改善畜禽的饲养方式和生存环境，善待畜禽，保证畜禽基本的生存福利，使“动物福利”和“动物卫生”观念贯穿在整个养殖过程中，提高动物自身的免疫力和抗病力，这样就能减少动物发病，更好地保护和利用动物，动物产品才能在激烈的国际市场竞争中占据主动地位。

第八节 畜牧业面临的挑战

随着畜牧业的快速发展，规模化、集约化程度的提高，由养殖业和畜产加工业带来的环境污染、产品质量下降和生态破坏等一系列问题，不仅制约了畜牧业自身的发展，而且严重影响了人类社会和经济的发展。

一、环境污染严重

（一）对大气的污染。畜牧生产所产生的恶臭、粉尘和微生物排入大气后，适量时可以得到自净，但当污染物大量集中排放时，将对人和动物造成危害。研究资料表明，猪粪可产生 230 种恶臭物质，鸡粪可产生 180 多种恶臭物质。这些物质除引起不快、产生厌恶感外，恶臭的大部分成分对人和动物有刺激性和毒性。此外，长时间吸入恶臭物质会改变神经内分泌功能，降低代谢机能和免疫功能，影响人的健康，使畜禽生产力下降，发病率和死亡率升高。畜禽场排出的大量粉尘携带数量和种类众多的微生物，可随风传播 30 公里以上，可引起口蹄疫、猪肺疫、大肠埃希氏菌、炭疽、布氏杆菌、真菌孢子等疫病的传播，危害人和动物的健康。尘埃污染使大气可吸入颗粒物增加，恶化了牧场周围大气和环境的卫生状况，使人和动物的眼和呼吸道疾病发病率提高。

（二）对水源的污染 。无论是现代化牧场还是管理水平较低的畜牧场，造成家畜环境污染的原因之一是家畜粪便。由于缺乏相应的环保措施和废物处理系统，粪便未经处理直接大批量地露天堆放，造成对家畜和环境的污染。此外，饲养家畜每天还产生大量的废水，尤其是采用水冲式清粪，污水量更大，且污水中的粪便多数未经沉淀、分离处理，常常经排污沟排入农田或直接、间接地排入沟渠河道，造成地表水的严重污染。畜禽粪污含有大量的碳氢化合物、含氮和含磷化合物等有机污染物和营养元素，排放或被雨水冲刷进入自然水体，当其数量不大时，可以得到自然净化，但当水体被大量有机质污染并超过水体自净能力时，水质感官恶化，有机质被水中微生物降解，各种水生生物大量孳生，还会大量消耗水中的溶解氧，水生生物死亡，水色变黑，散发恶臭，导致水体难以再净化和恢复的"富营养化"。此外，粪污中含有大量病原微生物，进入水体后，部分因沉淀、吸附而减少，或因水生生物间的抵抗作用而杀灭，但污染严重时，可直接通过水体或通过水生动植物进行扩散和传播，危害人和动物的健康。

（三）对土壤的污染 。 粪污不经无害化处理直接进入土壤，其中的有机质将被土壤微生物分解而得到自然净化， 如果污染物排量超过了土壤本身的自净能力，便会出现降解不完全和厌氧腐解，产生恶臭物质和亚硝酸盐等有害物质， 引起土壤的组成和性状发生改变， 破坏其原有的基本功能。畜禽粪污中某些高浓度成分如铜、铁、铬、锌、磷、抗生素等，也会对土壤造成污染。此外，土壤对各种病原微生物的杀灭作用进程较慢，且有些微生物还可生成芽孢，造成生物污染和疫病传播。

20 世纪 60 年代以来，一批大型集约化畜牧场相继在城镇郊区建立，随之而来的是每天都有大量的畜禽粪便以及污水产生，从而导致对环境的污染甚至破坏。60 年代日本曾用"畜产公害"来形容这一严重局面。面对这一现实，许多发达国家迅速采取措施，并通过立法对畜牧业生产过程中的环境问题加以干预和限制，如从饲养规模上、设施上、环保方面，制定了一系列的法规，并且进行严格地监管，很快收到了效果。近年来,许多发达国家和地区,如荷兰、英国、韩国等,对畜牧场的排污标准又做了修订,要求更加严格。美国佛罗里达州甚至由政府补贴鼓励奶牛场主停业,以实施环境保护。欧共体制定了法规,对每公顷土地承载的畜禽头数加以限制,以使畜禽粪便能被土地自然消纳。澳大利亚严格控制新建大型现代化养殖场。此外,一些发达国家还通过发展农牧结合的小型农场,合理利用和处理畜禽粪便和污水,达到既提高土壤肥力又提高环境质量的目的。

二、畜禽品种单一,遗传资源减少

生物多样性是人类社会进步、畜牧业发展的基础。现代畜禽遗传育种理论与技术的发展造就了许多高产的专门化品种,使生产水平大幅度提高。一些相对低产的地方品种被取代,原有地方品种数量剧减,甚至灭绝或处于濒危状态。畜禽品种多样性的减少,严重影响了畜牧业的可持续发展。

三、畜产品质量下降

由于许多养殖户缺乏畜牧知识,以及商家片面追求经济效益及相应的法律法规不健全,饲料添加剂的使用处于混乱状态,这不仅造成环境污染,也构成了畜产品的不安全因素。如猪饲料中的高铜和有机砷制剂。在实际生产中也有使用催眠类物质和激素类添加剂,虽然这些物质可以在某种程度上促进动物生长和饲料转化,但可能最终危害人类健康。

四、草地严重退化,载畜量逐年减少

在草地畜牧业的发展中,头数畜牧业的思想长期以来占主导地位。头数畜牧业只讲存栏数而不讲出栏率,人们首先追求的是经济发展而不注重保护生态环境,以依靠大量消耗资源和牺牲生态环境为代价来实现单纯的经济增长，毁草开荒、超载过牧，使草地资源面临着逐年退化、面积日益缩小、生态日益恶化、草地急剧消失的严重危机。

五、转基因技术发展面临的不确定性

转基因生物带来的污染具有其将来性、不可确定性。利用转基因技术，可获得理想的动物资源、饲料资源、药物等。当人类认识到基因工程可以造福人类的同时，也意识到它的潜在危险性。在大的生态系统中，转基因生物的基因可能会发生漂移，而且可能会带来人类所不需要的转基因物种。这些物种对人类的危害不可预知，是一种特殊污染，这种污染一旦出现，就难以控制。

第九节 畜牧业可持续发展探索——有机畜牧业

可持续发展的理念与模式是在过去二十多年中逐渐发展起来的，是人类认识自然和社会的又一次飞跃。“高投入、高消耗、高污染”的“三高”模式一度给人类带来了财富，但也大量消耗了地球能源，带来了严重污染。一个被大家广泛接受的可持续发展原则是：“今天的人类不应以牺牲今后几代人的幸福而满足其需要。”当今，世界人口剧增，资源锐减、环境污染困扰着经济发展，正是在这种历史背景下，可持续发展作为一种全新的发展观走上了历史舞台。可持续发展既是一个衡量人类社会是否有序演化的标准，又是一个全球性的人与自然协同进化的过程。当今世界，可持续发展已经成为国际社会发展论坛的主题。

一、有机畜牧业的概念及产生背景

有机畜牧业就是在牲畜的饲养过程中，禁止使用化学饲料或含有化肥、农药成分的饲料来喂养。当牲畜生病时，也尽量不使用滞留

性有毒药品，以免人们食用牲畜肉类及其制品之后有害人体健康。

近年来，由用药和饲料引起的动物食品安全问题备受人类关注。为了促进畜禽生产和预防疾病，大量长期使用抗生素等化学合成药物，随之产生如耐药性、药物残留等一系列危害人体健康的问题；饲料中过量的铜、重金属及其他物质通过畜禽排泄、沉积到土壤或水域中，造成环境污染，威胁人类生存；近年来发生的英国疯牛病、比利时二恶英事件、香港禽流感和法国牛血等有关畜产品安全事件更是让全世界震惊。为了解决这些问题，改善现有的畜牧业生产现状，发展有机畜牧业是当务之急。

目前，通过“有机畜牧业”生产的肉类平均每年以20%的速度增长，有机副产品的消费也与日俱增。从1995年到1997年，用有机牛奶制成的冰淇淋的消费量猛增了293%。20世纪末，全世界有机畜牧产品的销售额已超过了1760万美元，得到国际认可的有机牧场已有350万公顷。

二、有机畜产品的必须具备四个条件

目前，有机畜产品的生产对四个方面有严格要求：①原料来自有机畜牧业生产体系。不使用化学肥料，不使用化学农药，不使用化学添加剂，土壤无污染，大气无污染，水也无污染。家畜饲养也尽可能是顺其自然，充分利用天然资源放牧。②畜产品在整个生产过程中遵循有机食品的生产、加工、包装、贮藏、运输等标准要求。③有机畜产品流通过程中的质量检测体系是完整的、可信的。④经权威的有机畜产品认证机构认证。

三、国外有机畜牧业发展现状

有机食品有着广阔的市场前景。目前全球有机食品的贸易每年大概达200亿美元，其中欧洲国家大概100亿美元，占据半壁江山。

其中德国有机食品发展最为引人注目。资料表明,1998年,德国有机食品销售约20亿美元,占食品市场份额2%左右。专家预测到2010年,这一份额可能提高到20%。所以,有人说有机食品将是21世纪的主导食品,也有人称有机食品有望成为新兴支柱产业。在全球有机食品贸易中,澳大利亚是最大出口国,其次是阿根廷。

美国在发展“有机畜牧业”方面处于领先地位。有机牛奶的生产是美国畜牧业生产中发展最快的部门。在美国,每个有机畜牧场平均面积达75.6公顷。

欧共体对发展“有机畜牧业”也相当重视。2000年,欧共体国家投入2.27亿欧元,专门发展“有机畜牧业”及其产品。目前,在欧洲市场,有机牛奶的价格要比普通牛奶价格高37%。

拉美国家紧跟世界畜牧业发展潮流,在发展“有机畜牧业”方面也取得了长足进展。阿根廷、巴西、乌拉圭是拉美发展“有机畜牧业”最快的国家。阿根廷尤为突出,1999年得到国际验证认可的有机牧场面积已超过23.1万公顷,其中20.8万公顷用于放牧。1995~1996年间,阿根廷向欧洲共同体出口了211吨通过有机畜牧业生产的“有机肉”,其价格比普通肉类高出30%。

地球资源的日渐匮乏、经济增长与生态环境破坏之间的矛盾使人们越来越认识到可持续性发展道路的重要性。有机农业的核心是建立和恢复农业生态系统的生物多样性和良性循环,以维持农业的可持续发展。有机畜牧业作为有机农业的一部分,在整个生产过程中拒绝使用化学合成药物,减少了药物对环境和人类的危害,同时也注重资源的内部循环,最大限度地利用了资源,有利于农业的可持续发展。

第二章 亚洲畜牧业

第一节 日本畜牧业

日本是位于太平洋西岸的一个岛国。由北海道、本州、四国、九州4个大岛和3900多个小岛组成,统称日本列岛。日本国土面积37.77万平方公里,人口1.27亿,属典型的人多地少国家。由于地处海洋的包围之中,属温带海洋性季风气候,终年温和湿润,冬无严寒,夏无酷暑,年平均气温在10℃以上。夏秋两季多台风,6月份多梅雨。年降水量700~3500毫米,最高达4000毫米以上。日本总耕地面积约500万公顷,总农户数为340万户,农业人口1180万人。1995年农业总产值105,846亿日元,其中畜牧业产值26,267亿日元,占农业总产值的24.8%。

2002年,日本的肉类总产300万吨,其中,鸡肉122万吨,猪肉123万吨,牛肉54万吨,奶类838万吨,蛋类251万吨。肉类总需求量增加,进口量持续上升,2002年肉类进口量达290万吨,肉类的人均消费量增加到30千克。鸡蛋年人均消费量18千克。鲜奶、奶制品年人均消费量83.6千克。近年来,家畜大规模经营的比重扩大。

一、日本的畜牧业管理

(一)日本畜类屠宰法规及技术标准。1953年8月日本颁布了《屠畜场法》、《屠畜场法实施令》、《屠畜场法实施规则》,对屠宰猪、牛、羊、马等“兽畜”的“一般屠宰场”和“简易屠宰场”的设置条件、用水等做出明确规定。设立“一般屠宰场”和“简易屠宰场”需经各都道府县知事批准。超过一定规模的屠宰场需经厚生省(日本主管医疗卫生、食品安全的政府部门)批准并备案,对屠宰场的卫生管理人、兽医、切割“兽畜”的“屠畜业者”的资格提出要求,对内脏等处置做出规定。规定必要时各都道府县知事有权要求屠宰场的管理人、屠畜业者等有关人员提交相关报告,并对屠畜业者的办公场所、仓库等设施及帐簿、文件进行检查。

(二)日本禽类屠宰法规及技术标准。1990~1992 年,日本政府相继颁布了《关于食鸟处理事业规定及食鸟的法律》等法律,对屠宰食用鸡、鸭、火鸡等家禽类的屠宰场的设置、卫生管理、兽医资格、内脏羽毛等废弃物处理等均做出明确规定。屠宰家禽场兼营销售食肉者需报请当地都道府县知事批准备案,贩卖者不得将脱毛后的家禽肉体销售给未经批准的小规模食鸟处理业者等。日本厚生劳动省委托各都道府县知事对从业者进行年检。

(三)日本畜禽屠宰的管理机构及体制。日本厚生劳动省药事食品卫生局安全监视课依照《农林物资规格化和质量表示标准法规》(JAS 法)、《工业标准化法》(JIS 法)、《食品卫生法》等农业、工业法规和标准技术,对全国畜禽屠宰场的设立、技术标准、卫生等实行监督管理。其下分别设有“药事食品卫生审议会”、“食品卫生分科会食品规格部会”、“食品卫生分科会乳肉水产食品部会”等几十个智囊外围组织,适时讨论并制订食品添加剂的医药卫生标准,防止食物中毒的畜禽肉类加工品的医药卫生标准,转基因及生物工程技术安全检查标准,畜禽产品中残留动物用医药品的检查和管理办法,并与农水省消费安全局共同制订了《畜禽新鲜肉类原产地表示及管理办法》等。

日本禽畜屠宰设施分为公共设施和肉类食品加工厂两类。第一类主要由全国各地县级畜产加工贩卖农协联合会承担，第二类由各类肉类食品加工企业组成，实行屠宰、加工一体化。受宗教影响，目前这些设施不称为“屠宰场”，而统称为“综合卫生管理制造过程承认设施”，需向厚生省申领许可证或备案，由厚生省在其网站上公布企业名称、批准时间、设施所在地、加工食品类型、食品种类、所属县市、当地卫生主管机构名称等。截至2004年2月，日本全国共有158个肉类食品加工厂。

（四）畜牧业服务体系。现代畜牧生产离不开完善的服务体系，在日本，这点显得尤为重要。日本是一个以家庭经营为主体的国家，在畜牧业的生产、加工、流通与贸易的各个环节和各个部门以及各个地区都分别成立了为数众多的互助合作组织以及行业协作组织。全国性畜牧业生产者合作组织就有30多个，如畜牧振兴事业团、中央畜牧会、畜牧技术协会、全国奶农合作社联合会、日本肉鸡协会等等，加工部门以及流通部门的全国性合作组织有40多个。这些协会保护了畜主权益，同时维护了市场畜产品价格的基本稳定，保证了畜产品质量。此外，协会(或联合体)为畜主提供各种服务，包括饲料供应、种畜(禽)繁殖、(牛)配种、畜产品收购、疾病防治及选、育种等等，90%以上的农户都自愿加入了相关的协会。

（五）区域化经营与规模化生产。日本畜牧业区域化布局明显。在全国范围内，肉牛饲养业主要集中在北海道、鹿儿岛、宫崎、熊本、岩手等地，占全国饲养量的43%；奶牛饲养业主要集中在北海道、岩手、千叶、枥木、群马等地，仅北海道就占全国的47%；养猪业主要集中在鹿儿岛、宫崎、茨城、群马、北海道等地；肉鸡主要分布在鹿儿岛、宫崎、岩手，三县占全国的47%；蛋鸡以茨城、爱知、千叶、鹿儿岛、北海道等地较多。

近十多年来，日本在保持主要家畜数量基本稳定的前提下，养畜户总数逐步减少，畜牧生产规模则逐渐增大。日本畜群饲养一般以户养为主，也有联合经营形式(公司或联合体)。以户养为基础的畜群规模多属中、小型，但实行多种经营方式。

（六）畜牧产品流通网络。1971年日本颁布了《批发市场法》，该法规定了批发市场设施的基本要求，设立中央批发市场的条件、公平交易规则、市场经营规则、保证批发市场运行的措施等。根据该法，批发市场分为三类：中央批发市场、地方批发市场、指定市场。目前全国有中央级10个，地方级20个。一般畜主将活畜卖给专业协会、肉类市场和中间商，经屠宰场后，胴体在中央或地方批发市场拍卖，再经肉食加工厂或各级批发商至饭店、超级市场，最后出售给消费者。东京中央肉类批发市场是全国最大的中央级批发市场，其拍卖价格每天在《日经新闻》上刊出，并影响各级各地肉类批发市场的价格，市场按成交额的3.5%收取手续费。1996年该市场交易活牛8.78万头，酮体5.64万头；活猪26.18万头，胴体6.15万头；另外，还交易了7500吨的分割肉，年成交额1000亿日元。各个批发市场的管理与运行虽都有各自的规矩，但都必须按照国家的《批发市场法》进行。因此，价格透明度高、程序规范、交易秩序好，最大限度地发挥了批发市场产品收购、价格形成、批发出售的市场机制功能。

（七）育种研究和优质畜禽品种开发。日本和牛可分为黑毛、褐毛、短角、无角四种，过去以役用为主。江户时代（1603～1867年）不吃牛肉，明治维新（1868年）后才开始逐渐食用，但体型小、生长慢、产肉少。日本战后（1945年）开始确立和牛育种计划，20世纪60年代（1960～1970年）中期开始和牛肉用品种的改良与选育工作。目前，全国24个县都有自己的和牛改良机构，特别是黑毛和牛的系谱，由国家统一登记、注册，测定其产肉性能和肉品质量。日本的肉牛生产经历了和牛、乳牛肉用、和牛与外国肉牛杂交、和乳杂交、新型黑毛肉用和牛的发展过程，尤其是1991年日本国际贸易自由化后，外国廉价牛肉大批涌入，政府和研究部门针对国民的消费心理和烹调习惯，加速了和牛的品质选育。他们追求的高品质主要是肉质嫩、口感好，主要指标是肌肉之间有均匀的脂肪颗粒沉积，肉的截面呈大理石花纹。日本和牛通过质量与价格上的绝对优势，抵御了外国牛肉的冲击。目前日本市场一般和牛肉的价格是进口牛肉的 2 ~ 3 倍，高档和牛肉甚至是同档次进口牛肉的 5 ~ 10 倍。在东京中央肉类批发市场进行的肉牛胴体拍卖现场，1 头获奖松坂和牛拍卖价是每千克 2.7 万日元，分割肉最高价将达 5 万日元／千克，可见品质、价格与效益的关系之大。日本肉用和牛的出栏体重一般为每头 800~830 千克，饲养期 22 ~ 24 个月。1 头去势育肥的黑白花牛出栏时可卖 35 ~ 45 万日元，1 头黑毛和牛出栏时可卖 60 ~ 70 万日元，每头和牛盈利 3 ~ 5 万日元不等。

二、日本畜牧业面临的问题

一是劳动力跟不上。日本是发达的工业化国家，20 世纪末，日本有 1.24 亿人口，农户仅 383.5 万余户，农业人口占总人口的 6% 左右。其中专业农户（主要是养殖户）59.2 万余户，占农户总数的 15.4%。日本现在直接从事畜牧生产的大多是中、老年人，年轻人很少。畜牧专业毕业的大学生中，真正愿意并实际从事畜牧生产者不到 1%，绝大部分都改行或希望到有关的国家机关或大公司就业。

二是环境保护压力越来越大。由于畜牧场的粪便排泄，给自然环境带来的污染越来越严重，加上工业等污染，在一些地区，地下水受污染以致不能饮用。基于以上原因，以及本国畜产品生产成本提高，价格上升，竞争力下降，日本畜牧生产面临困难不少，不少地区限制发展养畜，特别是养奶牛。且有人提出日本不再养畜，而到邻国进口畜产品取代自产的方式，这样既降低价格，又减少污染。

三、日本畜牧业发展趋势

在牛肉进口自由化之后的新形势下，日本畜牧业的发展将面临更严峻的竞争局面。据日本农林水产省调查，饲养肉用牛的户数以每年5%的速度减少。其饲养品种1988年以前是以乳用种为中心，1989年以后是以肉用种为中心，饲养规模有所扩大。牛肉进口自由化后，牛肉价格下降，给肉牛经营带来不利影响。为了提高经济效益，肉牛及乳牛饲养农户将继续扩大经营规模，降低成本，提高牛肉质量，削减饲养费用及劳动时间，向高附加价值化发展。

其次，中小家畜饲养户数呈减少趋势。近年来小规模经营农户每年以超过10%的幅度减少。由于近年来畜产品需求停滞、进口量增大，加之混住化的进展，环境问题越来越严重，所以中小规模饲养阶层转向经营的较多。

再次，日本将进一步发展中间地区和山区的畜牧生产。从畜产在农业总生产额中所占的比重来看，1990年城市地区占21.5%，平原地区占26.1%，而中间农业地区占34.1%，山区占38.5%。城市地区中小家畜减少最多，而中间地区的肉用牛以及山区的鸡增加的幅度最大，其他畜产如马、绵羊、山羊等也有显著增加。中间和山间农业地区饲养着占全国66%的肉用繁殖牛，饲料作物收获面积占57%。这些地区拥有丰富的森林和草地资源，今后日本将进一步振兴这些地区的畜牧生产。

四、日本如何应对畜牧疫情

作为岛国，日本高度重视动植物和食品的防疫检疫，制定了《食品卫生法》、《植物防疫法》、《家畜传染病预防法》等一系列法律法规，对国内畜禽类及自海外进入其境内的动植物、食品实行严格的检疫和卫生防疫制度。近年来，日本相继发生了雪印公司事件、

O157中毒事件、疯牛病、禽流感等食品安全事件，导致消费者空前高度关注食品安全。日本政府修改了《食品卫生法》，专门设立了食品安全委员会，加强食品安全管理。

（一）疯牛病对日本市场的影响及其所采取的措施

1.疯牛病冲击强烈。2001年9月日本发现首例疯牛病，牛肉价格暴跌，消费量较发现前猛降60%，对日本国产牛肉带来极大冲击。随后日本农水省宣布对养牛户给予补贴，对全国现存栏牛只进行普查，建立出生年月、饲养、移动全程履历、批发零售渠道、饲料成分、饲养农户、流通商资料的全部档案，所有资料压缩成条形码代码，在全国建立起牛只资料管理电脑网络系统。牛肉上市销售时，消费者可凭商品标识了解牛肉产地和生产加工日期，牛肉产地、饲养者、流通者等全部详细资料可通过条形码代码上网查询。经过近两年的努力，2003年年底日本国产牛肉消费量基本恢复到发生疯牛病前的80%。同时，日本农水省对雪印公司等公司以国外牛肉冒充国产牛肉，骗取国家补助金的行为进行了严处，雪印公司信誉扫地，被迫解体。

2.日本政府加强管理。2003年6月日本农水省、厚生省共同颁布了《牛海绵状脑症对策特别措施法》，规定全国各都道府县必须根据该法制订防范疯牛病蔓延的基本计划和措施，规定出生18个月以上牛只死亡时必须经过兽医检验，发现疫情时须立即向当地政府及农林水产省报告。未经都道府县知事和保健所所在城市市长批准，不得将牛肉、内脏、血液、骨头及皮移出屠宰场外。根据厚生劳动省令，没有必要的卫生保障时，屠宰场设置者和管理者不得擅自焚烧牛脑及骨髓。

3.连带影响面广。2002年日本牛肉消费量93万吨，其中进口55万吨，约占60%。从美国进口的牛肉占日本进口牛肉的30%左右。2003年年底美国宣布发生疯牛病后，日本停止进口美国牛肉，要求美国对现存出生30个月以上的牛只进行普查并建立生产和流通档案。美国以日方要求不合理、不科学为由拒绝，导致谈判破裂，日本迄今尚未恢复进口美国牛肉。据日本农畜产业振兴机构统计，日本暂停进口美国牛肉后，2004年1月23日至2月4日的10天内，东京地区猪肉批发价格每千克上涨488日元，涨幅40%。牛肉、鸡肉的市场零售价格涨幅也近40%，价格“多米诺骨牌效应”显现。随着库存减少，吉野家等以美国产牛肉为主的餐饮连锁店纷纷以猪肉盖浇饭替代牛肉盖浇饭，批发零售商开始转向进口澳大利亚牛肉。

（二）禽流感对日本市场的影响及其所采取的措施

亚洲各国相继发生禽流感后，日本先后宣布暂停进口越南、泰国、老挝、巴基斯坦、中国、印尼等国的活禽及其加工制品。禽流感导致日本肉类批发零售价格上涨。

为稳定市场供应，日本政府释放库存，加强市场监控，维护合理价格。日本农水省要求日本连锁商店协会等23个流通团体将库存鸡肉投放市场，防止哄抬价格。农水省还通过下属独立行政法人对包括鸡肉在内的肉类批发、零售价格进行调查。对故意哄抬物价的行为进行行政指导，行为恶劣者将在媒体公布其名单。同时，为防止将进口鸡肉伪装成国产鸡肉销售，农水省通过各地的农政事务所，对鸡肉包装和标识情况进行检查。此外，日本转向其他国家采购，国内市场蔬菜、鱼类的替代消费上升。鉴于自中国、泰国进口鸡肉及其加工制品渠道中断，日本各有关肉类食品生产企业、进口商社和餐饮企业相继紧急扩大国内生产，以国产替代进口，并开始扩大自美国和巴西的进口，同时开发自加拿大和墨西哥进口鸡肉，使其成为新的货源提供国。但美加也相继发生禽流感，日本宣布停止自美加进口禽肉类产品。如何保障肉类供应，维护市场价格，成为日本政府十分重视的问题。

疯牛病和禽流感出现后，日本消费市场以蔬菜、鱼类、豆制品等替代肉类的消费增多。

第二节 韩国畜牧业

韩国位于亚洲朝鲜半岛南半部，东濒日本海，西临黄海，东南与日本隔海相望。国土总面积 9.9 万平方公里，南北长 500 公里，东西长 250 公里，农用土地（214.1 万公顷）中耕地 199.1 万公顷。此外，永久性牧场 8.4 万公顷。全国森林面积 650.5 万公顷，占陆地面积的 66.2%，农业区主要在庆尚北道与庆尚南道。2002 年韩国人口 4764 万人，是世界上人口密度最大的国家之一，其中近半数生活在汉城及周边地区，农业人口占全国人口的 9%。韩国的地形特点是山地多，平原少，东高西低、北高南低，山地多集中在北部和东部，平原则以西部和南部居多。韩国三面环海，海岸线长而曲折。气候属于温带大陆性气候，冬夏温差较大，夏季 8 月平均气温 25.4℃，最冷 1 月零下 4.9℃。年降水 1259 毫米。

从 1975 年至 2002 年间，尽管受加入世界贸易组织和 1997 年亚洲金融风暴的影响，韩国农业生产结构有所摇摆，但是从总体来看，农业生产呈现出作物生产比重下降而养殖业生产稳步上升的局面。其中种植业的比重从超过 80%下降到不足 75%，林业的比重由约 5.3%下降至不到 4%。1968 年韩国农作物播种面积达到最高峰，为 2319 千公顷，其中水稻 1289 千公顷，园艺作物 103 千公顷，此后不断减少。据韩国农林部 2003 年的统计，农林牧渔业生产中，畜牧业和渔业的比重是不断上升的，其中畜牧业为 13%左右。

由于韩国的土地 70%是山地，可以用来生产粮食的耕地比较少，国家出于粮食安全考虑，把有限的土地资源充分保护起来，用于水稻生产,以追求大米自给。因此,用于其他粮食作物生产的土地十分有限,发展畜牧业所需的饲料主要依靠国外进口。韩国饲料自给率比较低,特别是饲料谷物,几乎完全依靠国外进口。目前,韩国对大麦、小麦、玉米等的进口已完全放开,实际关税率已接近零的水平。鉴于畜牧业的发展必须依靠大量进口国外饲料资源这样的基本国情,决定了其发展畜牧业的基本方针是:适当控制饲料报酬低的肉牛和奶牛业,重点发展饲料报酬高的肉猪和肉鸡的生产。随着韩国经济的持续发展,居民对畜产品的需求不断增长,刺激了畜牧业的发展。在韩国农、林、牧、渔经济当中,畜牧业是增长最快的部门,2002 年全国生猪存栏 872 余万头, 年出栏生猪 1432 万头,肉鸡的饲养量达到了 9000 余万羽,全国猪肉、牛肉、鸡肉和牛奶的人均消费量分别达到了 16.3 千克、8.5 千克、7.3 千克、50 千克,名列世界前茅。

一、韩国主要畜牧业部门

韩国农林牧渔四业中,畜牧业是增长最快的部门。韩国畜牧业养殖的品种有肉牛、奶牛、马、猪、绵羊、鹿、山羊、兔、禽(鸡、鸭、火鸡、鹅)。随着经济的发展,人民生活水平的提高,韩国居民对畜产品消费需求大幅增长,从而推动了韩国畜牧业的发展。1975 年到 2000 年,韩国的畜产品都有较大幅度的增长,其中牛肉、猪肉、鸡肉、鸡蛋和牛奶的产量分别增长了约 2.4 倍、6 倍、3 倍、2 倍和 13 倍。

(一)养牛业

韩国的饲料自给率很低,特别是谷物饲料的自给率不到 3%。可以说, 韩国畜牧业的发展是建立在大量进口国外饲料的基础上的。为了减少饲料进口所需的外汇,开放国内的牛肉和牛奶市场,韩国逐步减少了肉牛和奶牛的饲养量, 养牛业的重点转到了改善牛的品质上。肉牛和奶牛生产下降,其中肉牛养殖户从 1995 年的

519千户下降到2000年的290千户，下降了44.2%，养殖头数也从2594千头下降到1590千头，减少了49%，但本地肉牛(韩牛)目前仍然占统治地位。奶牛养殖户从24千户减少到13千户，养殖头数从552千头下降到520千头,分别下降了46%和6%，但每户平均饲养头数增加到49头，这也说明韩国奶牛养殖户的饲养规模在扩大。奶牛品种如荷斯坦主要是美国、加拿大、澳洲、新西兰产的进口品种。国民每人年牛奶消费量从1.6千克达到64千克，增加了40倍,但自给自足量降低80%以下。全国奶牛的平均产奶量从1990年的5363千克上升到2002年的7017千克。在奶品质量上，以细菌数为标准的一等A级品2001年度占了5%，可以说已上升到先进国家的行列。

奶牛的饲养规模扩大是因为每头奶牛的产奶量提高，原奶的价格相对下降，养奶牛户若不饲养高经济价值的奶牛，则会被市场淘汰，因此开始提出养奶牛必须达到规模化的要求。并且政府开始采取了支持有规模的、专业化的养奶牛户的政策，导致奶牛业的规模形态开始发生变化。采取这样政策的结果使得韩国饲养奶牛户数减少，总饲养头数增加，副业性的养奶牛户减少，专业性的养奶牛户数增加，导致饲养奶牛的水平得以迅速发展。

(二)养猪业

2002年韩国生猪存栏872余万头，年出栏生猪1432万头，猪的饲养户数在减少，但是养殖头数在提高，说明了猪的规模化饲养程度在提高。1995年养殖猪的农户有4.6万户，2000年减少到2.4万户，减少了47.2%，但是猪的头数从1995年的646万头增加到821万头，增加了27%，户均养殖头数从1995年的141头增加到2000年的345头。

(三)养禽业

韩国禽类的养殖也是畜牧业的重点，其中鸡和鸭养殖较多，

2002年全国肉鸡的饲养量达到了9000余万羽。1995年以来养殖总量在增长之中，鸡的养殖户数和只数从20.3万户、8580万只发展到2000年的21.7万户、10,255万只,分别增加了7%和19.5%;鸭的养殖户从9458户发展到12,966户，只数从235.7万只发展到513.3万只,分别上涨了37%和1.2倍。

（四）特种养殖业

韩国鹿、兔的养殖总量也有增加，养鹿的情况是1995年为8950户、10万头,2000年发展到12,137户、15万头，分别增加了36%和50%；养兔则从1995年的10,315户、21.7万只增加到2000年的16,667户、43.6万只,分别增加了62%和1倍。

（五）养蜂业

1990年以后,韩国的养蜂群数逐渐增加。从1998年开始每年以13.5%的速度递增。2004年的总饲养群数为201.3万群,同比增长7.5%,每户平均饲养数为49群。随着饲养群数的增加,1998年以后年平均增长率达到13.6%,饲养农民从1990年以后增至4万户,2000~2002年持续增加,到2003年以后又出现减少。

随着饲养群数的增加,蜂蜜产量出现增加,但2004年产量及产值仅约为前一年的一半左右，分别为1.5651万吨和1261亿韩元。韩国天然蜂蜜的进口量2003年开始增加,2004年和2005年都超过了1000吨。1998年从美国进口的天然蜂蜜为259.5吨，1999年进口量为304.4吨,2000年以后大幅减少,2002年时仅为38吨。天然蜂蜜的国际价格为国内天然蜂蜜价格的32%,尤其从中国、越南进口的天然蜂蜜的价格仅为1美元/公斤左右,与国内价格相比有很大差距。美国产天然蜂蜜价格为国内价格的41%，因此韩国国内价格要比国际价格略高。

二、韩国的饲料工业

随着韩国畜牧业的发展，韩国的饲料工业也迅速扩大，已形成一个专业化很强的产业。按照韩国饲料行业管理法规的规定，饲料工厂只能生产专门类型的饲料。因此，韩国饲料行业可分为四种类型：一是专门生产畜禽饲料的工厂；二是专门供应幼畜禽代乳品饲料的工厂；三是鱼和水生生物及其他动物饲料的工厂；四是供家庭饲料混合用的饲料半成品的工厂。1994 年全国共有注册的饲料工厂 85 家，其中，59 家加入韩国饲料工业协会，26 家加入全国畜牧联盟。全国饲料工业的装备加工能力较大，年产各类饲料 900 万吨以上。

韩国饲料的植物性原料较缺乏，75%需从国外进口。其中谷物进口量占 54%，主要进口国家是中国、美国、加拿大和巴西。油菜籽饼是仅次于谷物的进口原料，主要来源是中国、印度和美国。玉米、高粱、大豆饼和菜籽的主要进口国也是中国。饲料用的动物性原料大部分能自给。因此，韩国在国际市场上着重是采购植物性原料，以保证韩国的饲料工业正常运转。

三、韩国的奶业

韩国奶业发展主要依靠国际资金和民间资金的支持以及充分利用国外的饲草饲料。在资金支持方面，主要通过世界开发银行和国际振兴基金的借贷，以及本国民间借款等方式筹措资金。从国外重点是美国引进优良奶牛，每年引进奶牛都在千头以上。在引进的同时，在全国开展奶牛的人工授精、品种改良，奶牛数量迅速增加，到 1989 年就达到了 51.5 万头，比 1962 年增长 214 倍，年均增长 21.9%，单产提高了 4 倍多。在饲草饲料方面，韩国由于山多地少，饲草饲料的自给率很低，上世纪 90 年代自给率只在 24%～26%之间，特别是谷物饲料的自给率不到3%，韩国奶业的发展是建立在大量进口国外饲料的基础上。

韩国严格实行养殖场建设审批制度。20世纪90年代以来，韩国奶牛业已逐步步入了规模化发展的阶段，全国奶牛户户均饲养头数达到49头，多数奶牛场规模在100头以下。韩国政府在环境污染的压力下，鼓励中小型畜禽养殖场的发展，限制养殖规模的扩大。在人口密集的城市及其郊区，政府严格限制任何形式的畜禽养殖。在远离城市、人口密度比较低的农村，韩国政府鼓励发展规模化饲养，并给农民一定的经济补助。饲养规模的变化和饲养奶牛户数的变化给牧场的运营带来了许多变化。若不进行从副业型经营方法向专业型经营方法转变、从企业型向经营型的专业形态转变，只能被淘汰。为此，韩国出现了挤奶设备的自动化、饲养管理的机械化、饲料作物栽培的委托化、挤奶的专业化、幼牛养成的专业化等多种形态的牧场运营方法，使经营方式出现了革新式的变化。这样的变化可以在不远的将来，使人工挤奶作业变为像部分欧洲的牧场一样用机器人挤奶。

韩国非常注重奶牛的育种和改良。从20世纪60年代引进奶牛的同时，韩国的育种改良协会即开始进行系谱登记、生产性能测定、后裔测定等育种工作，全面掌握引进奶牛的生产性能。同时育种协会还在全国范围内开展人工授精和胚胎移植技术的推广，这些工作对培育韩国荷斯坦奶牛、提高奶牛单产及其品质发挥了特别重要的作用。由于基础工作好，进入20世纪90年代，韩国除育种工作需要每年从国外进口几头奶牛外，不再大批进口国外奶牛，主要依靠本国的黑白花奶牛进行自繁自育。韩国奶牛经过40年的有序发展，质量得到很大提高，奶牛单产都在7000千克以上。进入新世纪，由于韩国奶业市场已基本饱和，而牛肉市场行情不断上涨，所以韩国育种改良协会把工作重点已转移到肉牛的胚胎移植方面。目前韩国正在尝试用肉牛做供体，奶牛做受体，进行胚胎移植，增加肉牛数量。

四、韩国的畜牧业管理

（一）先进技术应用及机械化生产

畜牧业规模化、集约化便于把先进科技运用于生产中，无论是圈舍的设计、建造，还是畜禽的饲养管理、防疫治病，科技含量都比较高。韩国所有农场基本实现机械化。养鸡生产上的喂料、饮水、光照、通风、控温、集蛋、孵化等都实行机械化操作，其中多数为自动控制：喂料定时定量，人工光照按时开闭，鸡舍温度系大型排风扇自动调节，禽蛋孵化全部采用孵箱。机械化促进了畜牧业劳动生产率的提高，人均畜禽饲养数量比较大，一般规模养鸡户年饲养量在万只以上。

（二）提高劳动者素质与劳动熟练程度

韩国农场主一般都具有高中或高中以上文化程度，经过专门的职业学校培训，掌握专业知识，具备一定的机械操作和劳动技能，再加上实践的磨炼，个个都是行家里手。许多农牧主会操作大型机械，水工、电工等样样精通，其多面手及熟练程度令人佩服，即使农场的雇工也掌握了多种劳动技能，干活轻车熟路。

（三）推行产销一体化

产销一体化，尤其是以销定产，避免了盲目生产。据了解，全国养鸡按合同实行契约式生产约占50%左右。同时为了减少养鸡的风险以及帮助没有经济能力的农户养鸡，由1~2人作经济担保，大的种鸡饲养户或者养鸡组织（如有关协会），给饲养者提供苗禽、饲料及防疫等配套服务，按合同回收产品，保证了养鸡的经济效益。

（四）技术服务网络化

韩国畜牧业大致通过三种渠道和形式为养殖户提供业务技术

服务:一是国家拨款的行政事业机构农业服务中心,对农业包括畜牧业发展提供全方位的技术服务,包括技术培训、技术咨询、上门指导等。二是协会组织。这条线组织健全,活动最为活跃。养殖户每月缴纳一定的会费,协会提供产、供、销全程服务,同时定期召开例会,交流生产情况及市场信息等,不定期到国外旅游观光及参加学习。协会组织专业分工也比较细,如养鸡上有养鸡协会、孵化协会、蛋鸡协会、肉鸡协会等,全国上下连成一体。三是私人诊所。诊所实行国家许可证制度, 开办人系专门院校毕业, 从事专业工作有一定年限,经考核合格取得上岗证,一般为当地乃至全国有名的兽医专家。

(五)重视生态环境保护

韩国非常重视畜牧业发展带来的环境污染问题,在加强环境保护的基础上实现畜牧业可持续发展。在韩国,所有的畜禽养殖场绝对不能向周围环境排放任何废渣和废水,韩国《饲料管理法》和《畜产品卫生处理法》中对废弃物和污物的处理都有严格的限定,随意排放即可视为违法,受到法律的制裁。

第三节 越南畜牧业

越南位于亚洲中南半岛东部,北面与中国相接,西面与老挝、柬埔寨为邻,东面和南面临南海。越南国土面积约有 33 万平方公里,人口约有 7973 万(2002 年)。越南是一个多山之国,地势西高东低,境内 3/4 为山地和高原。北部和西北部为高山和高原;东部沿海为平原,红河三角洲地势平坦,河网密布,是越南主要产米区之一。湄公河三角洲土壤肥沃,面积 3 万平方公里,几乎是红河三角洲的 4 倍,是世界上最富庶的水稻产区之一。全国的耕地面积为 566.8 万公顷,人均 0.073 公顷,低于世界平均水平,属于人多地少国家。越南属热带季风气候,各地气候因地形及距离赤道远近而有较大的差别。南方靠近赤道，气温高、湿度大，并且全年温差很小。北方最热为7月，平均温度可达29℃；1月份最低，平均气温15℃。大部地区5～10月为雨季，11月至次年4月为旱季。

越南是传统农业国。农业人口约占总人口的80%，农业产值占国内生产总值的30%以上。从上世纪80年代以来，越南的畜牧业生产获得长期稳定的发展，2005年畜牧业在农业中所占比重达到22.5%，畜牧业产值在同期农业总产值中的比重一直保持在22%左右，表明畜牧业生产与整个农业生产几乎是同步发展的。水牛、黄牛、猪、羊、鸡、鸭等家畜和家禽的数量明显增多，畜牧业产值逐年稳步增长。与1985年相比，到1995年全国水牛存栏数增加了14.4%，黄牛存栏数增加了40%，猪的存栏数增加了38.1%，山羊和绵羊存栏数增加了36.7%，鸡鸭等家禽饲养量增加了55.8%，畜牧业产值因之而大大提高，增长了66%。截至2005年年底，猪的存栏数达到2743万头，牛的存栏数达到842万头，其中奶牛存栏数11万头，羊的存栏数达到131.4万只，同比增长28.82%。2005年越南全国养蜂总数为70多万箱，生产蜂蜜1.4万吨。2005年，越南全国鲜肉产量达到229万吨，其中牛肉产量20.19万吨，猪肉产量达到281万吨。

一、越南主要畜牧业部门

（一）养猪业

猪肉是越南人的主要肉食。以前，越南普通农户一般都饲养1～3头猪，多的农户则拥有百头以上的越南土种猪，其效益还是不错。不过，这种猪体型偏小，增重缓慢。为了筛选良种和提高对农户的纯种供应能力，越南建成许多国有育种猪场。1960年以来，为了改良本国猪种，越南先后从国外引进了许多优良猪种，如约克夏、兰德斯和杜洛克。与此同时，越南在全国各地建立了家畜改良服务网点，重点开展商品猪的杂交育种工作。当今越南的生猪生产无论在数量上还是在质量上都有了明显提高。2000年越南猪存栏数为2000万头，出栏率达到111%，猪肉产量从上世纪80年代的30万吨提高到140吨；个体屠宰量从47千克也提高到70千克。越南的生猪饲养量在亚洲排名第二。

（二）养禽业

越南全国家禽存笼1.6亿只，其中90%为农民饲养，10%为国营农场生产。越南人口近8000万，家禽生产远不能满足市场需要。根据《越南外国投资法》，畜牧业是政府鼓励投资的产业之一。越南为了保护本国养殖业，近来采取了控制边贸禽苗、鲜蛋、禽肉交易，但欢迎外国到越南投资设厂。越南国土狭小，到越南投资养禽业，可与当地联合商议，分点设场经营。越南肉鸡行业是个成熟产业，从资源、生产、加工到市场销售，已经形成一条龙经营。虽然肉鸡价格很长一段时间受禽流感影响一再下降，但不得不承认肉鸡产业在越南已经具有一定规模，获得了很大的市场利益。

2005年越南全国受到禽流感疫情的严重影响，禽类饲养业受到重创，禽蛋产量下降了7.08%。

（三）养牛业

1995年，越南水牛已达296.28万头，比1990年（285.41万头）增多了10.87万头，比1985年（259.02万头）增多了37.26万头，增长率分别为3.8%和14.4%；同年黄牛已达363.89万头，比1990年（311.69万头）增多了52.2万头，比1985年（259.76万头）增多了104.13万头，增长率分别为16.7%和40%。2005年年底，牛的存栏数达到842万头，其中奶牛存栏数11万头。

二、越南的饲料业

越南的畜牧业生产之所以能够取得较大的发展，是多种因素综合作用的结果,但最关键的是饲料,其次是国家经济好转和生产者积极性提高。

越南丰富的畜种资源和饲料资源为其畜牧业发展奠定了良好物质基础。在越南,牧草四季常青,粮食作物丰产,农副产品充裕。越南除进口少量饲料添加剂(如维生素、矿物质和氨基酸)外,其大量猪、鸡饲料均是本国生产的。越南的饲料以粮食为主,因此,其畜牧业生产的好坏取决于粮食生产的丰歉。越南除盛产大米外,还产玉米、木薯、白薯和马铃薯等。它们中的大多副产品被用来做家畜饲料。此外,越南每年还生产豆饼和鱼粉。越南已在本国许多地方兴建了一批不同加工能力的饲料厂。此外,还有数以千计的小型碾米机和粉碎机也被用来加工饲料。在越南,大约95%的家畜由个体农户饲养,他们本身就生产自用饲料。越南的大多农民习惯用自产的简单日粮饲喂生猪,例如:在大米主产区,用米糠、碎米和次米;在其它地区(东南部和北部高地)用木薯、玉米、白薯和豆类。越南农户饲养的猪每增重千克需消耗饲料6~7千克;而工厂化饲养仅需要4千克左右(使用配合饲料)。

三、越南的畜牧业管理

越南畜牧业生产连续10年获得稳定发展,这不仅与同期的农业发展、粮食增多密切相关,而且还得益于越南政府鼓励各种经济成分参与开发,允许自由屠宰和自由买卖,以及推行其他有利于畜牧业发展的政策和措施。随着这些政策和措施的施行,畜牧业生产在一些过去并不引人注意的省区获得了较快发展,在另一些原来就有较好发展条件的省区则稳步扩大。例如,在南方的富安省,1975年全省只有黄牛几百头,到1990年已发展到16万头,养牛使当地农民走上了致富之路。此外,在北方的永富、清化、义安、河北和谅山等畜牧生产大省,水牛、黄牛和猪的发展规模都在不断扩大。饲养规模的扩大为国内肉食供给提供了可靠的保障。1995 年全国猪肉产量达 100万吨，比 1985 年(56 万吨)几乎翻了一番；同年全国各种肉类产量达 136 万吨，比上年的 123.6 万吨提高了 10%。

越南发展畜牧业除了靠政策外，还注重科技的运用与推广，对杂交育种技术的采用、高产良种的推广，以及对用现代化方式实行规模饲养的提倡，这些都对畜牧业生产效益的提高产生了重要的作用。到 1990 年全国的杂交猪已占 53%，相当于 1985 年的 1.36 倍，其中瘦肉型猪种占 45% ~ 50%；每头杂交猪平均毛重 67 千克，相当于 1985 年的 1.08 倍。通过把本地牛与外国牛杂交则增加了黄牛的重量，使每头达 280 ~ 300 千克，相当于杂交前的 1.5 倍。通过采用新技术把北京鸭和越南鸭杂交，不仅缩短了杂交鸭的饲养周期，使其在 75 天内就能重达 1.8 ~ 2 千克，而且还提高了杂交鸭的肉质。湄公河三角洲尤其重视杂交育种技术的采用和高产良种的推广。仅 1997 年上半年，安江省就已人工授精了 180 头乳牛，河仙和富国两县也配种了 140 头，成功率达 80%。

四、越南畜牧业发展面临的问题

1. 分散的个体饲养多，专业化规模饲养少，这既使产量的增多受限，又使生产成本过高，对生产效率和经济效益的提高都有不利影响。

2. 饲料及畜禽良种缺乏，兽医少，这既影响了生产成本的降低，又影响了成活率和单产率的提高。

3. 由于生产成本高，影响了饲养者的生产积极性。

4. 禽流感和口蹄疫等严重打击了越南畜牧业的快速发展。

第三章 欧洲畜牧业

第一节 德国畜牧业

德国位于中欧西部，东邻波兰、捷克，南接奥地利、瑞士，西界荷兰、比利时、卢森堡、法国，北与丹麦相连，濒临北海和波罗的海，是欧洲邻国最多的国家。德国总人口8200多万，总面积35.7万平方公里，人口密度每平方公里228人。南部为高原山地，中部为丘陵和中等山地，北部为平原。河流主要有多瑙河、莱茵河和易北河，湖泊众多，较大的有博登湖、基姆湖、维尔姆湖和阿墨湖。属温带气候。全德土地2/3为农业用地，1/3为林业用地。农业用地中2/3为农田，1/3是绿地。德国农业以畜牧业为主，多饲养乳用、肉用牲畜，主要分布在北部平原地区，南部平原和山地也有发展。农民收入近2 / 3来源于畜牧养殖，1/3来源于种植业。德国的畜牧业产值占农业生产总值的61%。在畜牧业生产总值中，又以养牛业所占比重为最大，约占65%，养猪业次之，约占24%，禽类产品约占9.4%。养牛业的收益中，66%来自牛奶，34%来自牛肉和小牛肉。1999年，全德肉类总产600多万吨，世界排名第五；奶类2800万吨，世界排名第四。肉类总产中，年产猪肉400万吨、牛肉140万吨、家禽肉80万吨。德国肉类自给率水平较高，其中猪肉自给率80 %以上，牛肉供大于求，人均肉类消费90千克。德国普遍采用粗放式的放牧，每百公顷农用面积的牲畜数为114头，在欧盟国家中列第6位。

一、德国的畜牧业管理

(一)市场体系

第二次世界大战后,东、西德两种不同的社会制度和经济体制泾渭分明,使其畜牧业也相应形成市场经济与计划经济两个体系,直至1990年两德统一后,全面实行市场经济。目前,德国畜牧业在养猪、家禽、羊等中、小动物方面完全靠市场调节,政府不予以干预;而在其主导产业——养牛业特别是奶牛业方面,因受到欧洲联盟配额限制,政府实行宏观调控,实行配额管理。政府根据农户的土地面积,规定养牛(配额)头数,对配额内肉牛或奶牛产品政府按计划收购并给予补贴,种用母奶牛补贴最高。

(二)政府管理间接化

因疯牛病等原因,德国农业部被取消,由保护消费者部所取代。一般行业管理主要由农业学会或动物养殖协会担任,但两者有别。农业学会属于政府机构,协会则完全是独立于政府的民间组织。协会的主要任务是:代表养殖者利益与政府沟通,争取政府对畜牧业的支持;与国外沟通,组织种畜和产品出口;与会员沟通,组织联合育种,科学饲养,提供技术服务等。德国动物养殖协会下有6个主要分支:牛养殖协会(又分奶牛和肉牛协会)、马养殖协会、猪养殖共同体、羊(绵羊、山羊)养殖协会、家禽经济中心协会和蜜蜂联盟等。畜牧养殖协会、联盟、共同体、合作社、质量检测协会等组织,其行政管理和经济独立,自主经营,自负盈亏。

(三)规模化的经营模式

德国的畜牧业发展也很不平衡。西德的畜牧企业以中小型为主,向大规模发展,如黑森州牛饲养量在70~100头的企业比重大,一般占地30~50公顷,奶牛大户一般饲养成乳牛规模100头左右,效益较好。东德畜牧企业沿袭原计划经济下公有制企业以大型为主，饲养成乳牛规模可达千头以上，大型农（牧）企业占地一般2000公顷。而西德黑森州最大的农业企业占地仅800公顷。

（四）应用现代生产与检测技术

在德国，全国有28个配种站。黑森州早在1948年就建立了配种联盟。该州9000家农户靠冷冻精液配种，70%奶牛户进行产奶登记，种猪以皮特兰杂交为主（85.7%）。配种联盟对会员或合作社社员用精户予以奖励，奖励政策已经连续实施10年。种畜检测费用农户自负60%，配种联盟负30%，其他由州政府等补贴。全德系谱牛达200多万头。黑森州黑白花系谱奶牛57,422头，年均生产鲜牛奶7777千克/头，乳脂率4.2%，蛋白质3.34%。卡斯派尔农场参加黑森州联合育种，还有自己的饲料配方，近百头成年乳牛，年均产奶能力9200升，乳脂率4.1%，蛋白质3.35%，最好的1头红白花年产奶1.5万升。牛奶实行车载电脑初检测和化验室检测。牛奶性能指标每4周检测1次，卫生防疫指标每7天检测1次，供奶200次（早、晚）取样检测1次。

（五）欧盟统一畜牧业管理

欧盟实施统一的农业政策。欧盟对德国及成员国畜牧业产品特别是牛奶实行配额管理，同时限制各成员国对畜牧业基础信息的采用。

二、德国的生态畜牧业

2000年以来，“疯牛病危机”和“口蹄疫风波”事件的爆发，直接导致了国民对食物质量和食品安全的怀疑，促使德国政府加大了促进生态畜牧业发展的力度，民众对生态畜产品的消费需求也大大提高。

1991年6月欧洲率先制定了《欧共体生态农业条例》，它明确规定了那些被确定为生态产品的农产品和食品应该或者必须如何被生产出来，它不但对生产者如何生产和在生产过程中允许使用的物质做了具体规定，而且也对加工者如何加工和在加工过程中允许使用的物质做了明确规定,并明确说明,那些未在肯定可以使用的物质单列中出现的物质即为不允许使用的物质，这同样适用于那些非农产品的食品配料。这一条对于那些向德国等欧盟国家出口农产品的国家和地区非常重要,因为德国已经明确规定,只允许进口生态农产品和生态食品,而这些商品要进入其国内市场,就必须经得起严格的检验，不得出现任何德方认为可疑或不明的成分。这个条例起初只适用于植物性生产,但1999年7月被补充进了有关动物性生产的条款，其中关于生产性动物饲养的规定要点包括:①对与面积相联系的动物饲养，规定了不同动物饲养的最大密度;②规定了一个企业要从普通企业转为生态经营型企业应满足的条件;③对各种动物饲养都杜绝了哪怕仅仅是在过渡过程中的栓系饲养;④不能饲喂任何含抗生素和激素的生态饲料;⑤动物健康主要依靠自然抵抗力实现,防疫和治疗基本禁止;⑥生态性生产的肉类要通过定期检查和来源证明制度,最大可能地保证消费者的消费安全。德国是通过建立《生态农业法》来保证上述条例得到实施的,这项法规的部分条款已经于2003年4月生效。它主要规定了对那些经过注册的生态农业企业的经营活动及其产品的监测、检查或检测,和对那些违反"条例"的经营者的处罚。

2001年12月15日德国的《生态标识法》正式生效。实行生态标识制度对于生态农业发展是非常有意义的一步。通过对生态产品加上标识,可以将它们与传统型农产品区分开来,从而使消费者和生产者的利益都得到保护。

三、德国奶牛业发展概况

随着欧洲国家及德国的国民收入增加和生活水平提高，养牛业的重要性也日趋上涨。当前,牛奶和牛肉生产是农牧业中最重要的组成部分，大约有 1 / 3 的农业产值都是通过奶牛养殖、牛肉生产及饲养繁殖母牛获得的，其中牛奶生产最为突出。原奶是供人类消费的优质食品，并且十分适合生产各种各样的高质量产品，消费者对这些产品的接受程度和市场需求也都很大。鲜奶、乳酪、酸奶及冰淇淋就是很好的例子，这些产品每天都以不同的形式进入人们的日常购物筐中。对人体健康的追求促使了奶牛养殖业的繁荣，德国许多农业企业都是专营奶牛养殖。特别是土壤品质不好或天然牧场占支配地位的地区，都已经建立了牛奶生产业。西欧国家良好的气候条件也为奶牛养殖业提供了极大的支持。温和的冬天、并不炎热的夏天以及有利的降水分布，保证了足够的草料供应。这些都是保证奶牛养殖产业链高效运作的良好基础。

现在，德国共饲养着约 1600 万头牛。其中，有 430 万头奶牛用于奶业发展。所有的农场都是私人独有的，但经营结构各不相同。有的奶牛场只有 10 ~ 15 头奶牛，有的奶牛场甚至拥有 1500 ~ 1800 头奶牛。在德国南部，牛奶主要由 25 头奶牛规模的农场提供；而德国北部的畜群平均规模约为 60 头；德国东部的规模在 240 头左右。

目前，德国牛奶企业的结构仍在持续不断地变化。一方面，奶牛场的规模不断扩大；另一方面，一些小型的牛奶企业则停止自己生产牛奶。欧盟的牛奶总产量受牛奶配额限制，每个奶牛场都把独立牛奶配送权看作是自己的财产。如果一个农场要扩大规模的话，农场主必须从其他农场主那里购买牛奶配额。德国的人口密度以及工业化程度都相对比较高，因此，制造业是其经济一个非常重要的组成部分。这就导致农业用地其实很缺乏，土地价格也非常高。与其他国家相比，劳动力成本和经营成本都处在很高的水平。正因为这些，在牛奶生产企业中高产量和高效率就变得格外必要了。为了从投入的资金中获得最大的收益，必须有很高的产奶量，也要尽可能优化成本结构。此外，国家和地方在动物和环境保护方面的法规，又给低成本生产带来了更多困难。

德国牛奶生产者利用不同的牧草作物和玉米（玉蜀黍）作为基础饲料。虽然为了在粗饲料中获得高比重的养分，人们种植、收割高产的饲料植物，但是还是要使用为这些反刍动物而调整的喂料系统喂养奶牛。在草的生长早期就进行收割，有效地利用这种栽培型专用草种的重复生长能力。这种草的生长期从3月开始，到9月结束。在此期间可以收割3～4次，这样就能获得很高的营养量和很高的消化率。在春天播种玉米，在秋天收获的时候收割，每年只收割一次。两种饲料还可以作为青贮饲料储藏，并以各占50%的比例作为主要饲料来喂养。大部分的奶农在所有的季节均在牛棚内喂养奶牛，因为这种策略能保证稳定的饲料品质。目前高产量的奶牛每年可生产超过10吨牛奶。这些奶牛每日摄入23～25公斤的干饲料。以谷物、玉蜀黍（和它的衍生物）、棉籽、大豆饼、糠和其他的植物残渣等为基础的精饲料，可以保证奶牛的饲料比率，让奶牛提高到日产30～40公斤牛奶。

四、生机勃勃的德国养兔业

养兔在德国很普及，遍及整个德国，深入到各个阶层，不论其职业。全德国约有40万养兔户，大多数德国人把养兔当作一种业余爱好，像我们养花、养金鱼等爱好一样。一方面丰富了业余生活，另一方面还可获取肉和皮毛，更重要的是可参加每年举办的大大小小的各种兔博览会、赛兔会，优胜者可获得奖杯、奖牌、证书等荣誉。其口号是“小小兔子，巨大快乐”。他们不以经济赢利为目的，每户存栏家兔一般30～40只。还有经国家注册的德国家兔饲养者中央联合会（ZDK），各州、县、区也成立相应的协会，一级一级指导工作。德国养兔协会历史最长的已上百年,有 19 个; 75 年历史的有 55 个;50 年历史的有 58 个。另外,在德国还有许多以经济为目的的养兔生产户和生产企业,当然,养兔生产者和养兔科研单位属于另外一条线——德国农业协会(DLG)管理。

家兔饲养既有全自动化的设备,也有采用离地笼养。饲料为颗粒料、青干草,一般 1 只成年兔每天给颗粒料 130 克,或自由采食。

德国家兔品种十分丰富,按成年体重分有巨型、大型、中型、小型、侏儒型兔,按毛长短分有长毛兔、肉兔和獭兔。与美国、法国相比,德国在培育家兔品种时,其思路是不同的。美国、法国强调花色品种,采用大量杂交,而德国多采用纯种繁殖,强调体型、毛色纯正,且遗传稳定。

德国每年都要举办大大小小的种兔博览会上百次。德国家兔饲养者中央联合会(ZDK)每两年举办一次全德种公兔或种母兔博览会,其规模达 1 万只。州协会每年也举办一次全州种兔博览会,其规模 4000 ~ 7000 只。博览会期间,博览会评判小组事先对参展企业的每只种兔进行评判,评出优胜者,发给奖杯。根据评判结果,定出相应价格。通过参加博览会,一方面使种兔得以交流,血缘得以更新。另一方面通过评比,通过竞赛,找出差距,认识不足,学习好经验,使品种选育得到普遍提高。

种兔评判标准由 ZDK 标准委员会制订,并汇编成册,每隔 5 年对各品种标准进行修改, 提出选育目标, 逐步完善该兔品种特征。种兔评判标准因品种不同,其侧重点也不同。内容包括:体重、体型及其结构、毛、品种特征(包括头型、耳型、花纹图案、颜色)。

为尽早淘汰产毛量不高的长毛兔,把产毛量高的留为种用,长毛兔饲养户自愿将出生后 1.5 ~ 2.0 月龄的幼兔送到长毛兔生产性能测定站。在饲养条件一致情况下,经过第一阶段预备测试期养毛期为 60 天的产毛及饲料消耗的测定,第二阶段正式测试期养毛期为 90 天的产毛及饲料消耗的测定，计算出年产毛量的校正值。年产毛量校正值越高，其兔的产毛量也高，种用价值也越大。目前，德国已有年产毛量高达 2000 克的长毛兔。

德国尽管兔肉消费量与其他西欧国家相比相对较低，但他们的品种却十分丰富，育种工作出色，这不能不归功于广大饲养爱好者，同时也是育种者的功劳。加上每年举办如此多的种兔及其产品博览会，对家兔的育种、家兔品种特征及优良性能的进一步完善、提高，也起着推波助澜的作用。

第二节 法国畜牧业

法国位于欧洲大陆西部，西靠大西洋，属于典型的地中海气候，冬季寒冷，夏季凉爽湿润，年降雨量 1000 毫米左右。法国总面积为 55 万平方公里，总人口 6000 万人。法国是经济发达的工业国家，国内生产总值仅低于美国、日本、德国，居世界第四位。在国民生产总值中，法国工业占 29%，服务业占 68%，农业仅占 3%左右，但是农业在整个国民经济中仍然处于非常重要的地位，而且在世界农业中也具有举足轻重的作用，农产品出口量仅次于美国，占世界第二位，而农业人口仅占总人口的 6%。法国城市化水平很高，农村土地以家庭为单位由农场主集约经营，种植结构由国家控制。

法国的畜牧业快速发展，呈现数量大、品种多、质量好、效益高四大特点。法国在欧盟 15 国中是最大的农产品生产国。法国农业已经由传统的种植农业转变为现代畜牧农业，畜牧业产值占农业总产值的 70%以上(占国内生产总值的 2%左右)。农业和农业食品工业中超过 50 %的是畜牧业和畜产品加工业的产值，农民年人均 GDP 约为 1.3 万美元。法国的主要畜种有牛、猪、羊及家禽等，是世界上重要的牛肉和牛奶生产国。全国养牛数量在欧洲居于首位,养牛业遍及除地中海地区外的全国各地。牛奶产量居世界第三位,肉类产量居世界第四位。法国草牧场总面积占整个国土面积的1/3,都已实现了围栏化,每公顷草场养牛2~3头。在人们的食物构成中,肉、奶、蛋等动物性食品占50%以上,肉类以牛肉为主,奶类以牛奶为主。牛肉、牛奶一部分鲜食,其余加工成各种肉、奶制品,品种繁多。畜牧业除养牛以外,养鸡业也相当发达。规模庞大的畜牧业生产使得法国农业在欧盟中具有举足轻重的地位。全国现存栏牛2000万头,肉牛和奶牛各占一半,肉牛生产在欧洲占第一位,是罗曼底牛和蒙贝利亚牛的原产地;全国存栏羊1000万只,是夏洛来肉羊的原产地;全国存栏猪1400万头,都是瘦肉型品种;全国存栏蛋鸡5000万只。

一、法国的奶业

牛奶、羊奶除了可以直接饮用以外,还可以做成各种各样的奶制品,所以它们在人们的生活中占的地位越来越重要。在众多农产品中,奶制品所占比重极大。法国在大多数奶制品的国际贸易中都占有重要地位,它是世界上最大的乳清出口国,世界第二大奶酪出口国,仅次于荷兰。

2001年全球奶牛存栏总数为2.2亿头,其中,欧盟国家2060万头,法国存栏总数为420万头,法国的奶牛存栏数占欧盟15国总数的20%强。其中的44%集中在法国的布列塔尼地区、卢瓦河地区和下诺曼底地区。而主要产奶地区(阿坤廷地区、勃艮第地区、罗纳—阿尔卑斯地区和南比利牛斯地区)的奶牛存栏数却在下降。

2001年全世界奶产量为5.8亿吨,其中法国生产2.4百万升。2000年法国人均年饮奶量为73.3升。2001年法国奶牛的产奶率为0.4%,每头奶牛年平均产奶量为5700升。法国西部和北部地区的奶牛年平均产奶量明显超过平均水平，庇卡底地区的平均产量为6100升，而布列塔尼地区和卢瓦河地区则高达6200升。2001年法国奶制品的贸易顺差为20.86亿欧元。

法国主要奶制品种类有牛奶、山羊奶、绵羊奶(分为:鲜奶、全脂奶、半脱脂奶、脱脂奶、消毒奶、浓缩奶、灭菌奶、高温灭菌奶、显微过滤奶、加香料奶等等);另外还有各种黄油、奶酪、奶油、酸奶和奶粉等。

二、法国的饲料业

法国除具有良好的人工草地之外，还同步发展牛羊饲料工业。在饲料生产上,法国生产的产品档次高、品种多、科技含量高。法国有饲料生产企业400多家,是欧盟最大的饲料生产国,每年生产饲料产品2300万吨。青干草晒制、地窖专贮和地上塑料打捆专贮,保证了牛羊越冬饲草饲料的供给补充，饲料都是根据不同生产条件、不同年龄、不同体重和生产目的相配合加工成的不同颗粒饲料,供给饲养农户。除此之外,农户还经常邀请畜牧技术推广站的推广专家进行科学饲料配方的指导。饲料矿物质舔块是牛羊微量元素的有效补充,舔块放在饲槽旁边,牛羊可随时获得微量元素的有效供应。

三、法国的畜牧业管理

(一)现代化畜牧业与传统饲养方式并存

发达的家庭式农场是法国畜牧业的主体。除加强人工草地建设外,与此相配套的是合理载畜量。对凡是能够按国家和欧盟有关规定,符合每公顷草地载畜量指标,则以不同海拔高度及草地类型给予补贴,以此来进一步促进人工草地建设和自然草场改良。合理载畜量既保证了牛羊有足够饲草满足营养需要，又使草地得到保护、生息和繁衍。法国畜牧业现代化和传统饲养方式并存,一方面商品生产现代化、机械化程度很高。一个5万只规模的养鸡场,也就是两三个人操作。法国采取的是封闭式适度规模机械化饲养管理方式,不像美国那样大规模、超大规模。另一方面,采用传统饲养方式的地方,优质种畜、种禽饲养占很大比例。如著名品种夏洛来牛、美利奴羊和布雷斯鸡等,皆是以传统放牧的饲养方法为主,多采用草地围栏限制式放牧,在放牧草地建设人工水沟或人造水箱装水供牲畜饮水,舍内补饲配合料。如布雷斯鸡的饲养方法以野外放牧为主,育雏1个月后即转移到草场上进行轮牧放养,补饲玉米、小麦和奶产品。100日龄再逮回室内笼养,育肥15天左右,到体重3000克左右屠宰上市。一般农场主家中都建有小型屠宰场和保鲜库,自养自宰。厂房100平方米左右,设备仅1台小型脱毛机,2~3人操作,每天屠宰300~500只,托盘包装,冷藏保鲜,一星期内售完。

(二)先进的繁殖技术

法国畜禽生产水平的提高和数量的增加,主要是靠育种和繁殖技术来实现的。胚胎移植技术已得到广泛应用,鲜胚移植成功率达65%,冻胚移植达60%。在法国,奶牛全采用人工授精技术进行配种,而肉牛仅有20%采用人工授精,80%是利用优秀种公牛进行自然交配的。法国肉牛饲养业还有一个特点,就是以生产小牛为主,而后到条件好的意大利去育肥。现在,部分奶牛也在朝乳肉兼用方向改良,以防止牛奶的过剩。法国在繁殖技术应用方面已经走在世界的前列。

(三)严格的质量控制

法国对目前饲料生产不允许使用的原料、不允许使用的抗生素,严格控制的重金属铅、砷、汞、氟等有毒有害物质的允许量标准都做了明确规定。为确保产品质量,保护人体健康,法国对抗生素的使用规定特别严格。欧洲发生疯牛病后,又规定了来源于动物的饲料原料骨粉、肉骨粉不能用于饲料生产,并规定动物性饲料严禁出口，避免危害他国。动物性饲料出路只有一条即做燃料。整个欧盟和法国对饲料管理的法规都特别具体明确。法国有严格规范的质量监控体系——畜牧业质量监控追踪体系。这个体系组织结构严密，从水质到饲料质量，从种苗到饲养，从疫苗、兽药供应到使用，从活体到屠宰、加工、销售，每个环节都有人跟踪监控，非常严格；在疫病防治方面，整个饲养期采用饮水免疫，通过监测净化种源。这些工作都是由7年以上专业院校学习并通过国家考试取得资格证的兽医人员进行的。法国每头畜禽都有标识，一旦出现质量问题，都可以找到责任人。例如，每头牛具有登记档案以及耳标号，终身相伴，即使是拍卖给其他农户或屠宰场，登记档案也随牛一起到位，一直到屠宰。每块分割肉都标有该牛的牛号，一旦出现问题，从经营者可以追踪到农场主，进而保护了消费者的利益。

（四）完备的社会化服务体系

社会化服务体系是法国畜牧业成功的可靠保证。这些在自愿的基础上成立的全国生产者联合体（联盟），如奶牛协会、养猪协会、养鸡协会、饲料协会等，使得法国畜牧业已经构成了一个从养殖到餐桌的完整的畜牧业经济组织体系。畜牧业组织体系的主要优势表现在以下几个方面：首先，实现了产销一体化，以产业链上的龙头企业为中心，有效地整合各种资源，提高了市场应对能力与综合竞争力。其次，组织化程度的提高，克服了家庭经营制度下的小规模生产与大市场流通的矛盾，实现了整个产业的协调发展。同时，有利于推动技术创新及其成果的推广应用。最后，行业组织以及合作组织作为政府与经营主体之间的联系中介，在实行自我管理与协调、维护市场竞争秩序的同时，作为行业代表，对政府政策产生深刻影响，还为政府政策的实施提供了平台。

法国没有鲜活市场，畜禽产品均通过屠宰、分割、包装进入超市。如牛肉在超市的售量高达70%左右。在各种农牧业生产加工运销产业中,法国的奶业及肉鸡生产的一体化是最高的。奶业一体化程度高主要是由于牛奶鲜活易腐,挤奶一日数次,需要及时冷却、收集、储运,以保证鲜奶质量,产、加、销任何环节的不协调都会影响鲜奶及其制品的质量。法国的合作社在畜牧业尤其在奶业生产流通中发挥重要作用。其主要任务:一是对养殖户进行计划指导,防止生产过剩,还通过价格基金和养殖保险金,消除养殖户的风险;二是对产业链的整合及协调,减少或消除了产加销各方面利益冲突,提高效率和效益,增强其市场竞争力。

法国通过政府机构、合作经济组织、技术服务实体三位一体的社会化服务,使养殖户彻底解决了畜牧业产前、产中、产后所面临的实际困难,使畜牧业保持了稳定发展,使整个产业保持了协调有序。

四、法国畜牧业的发展经验

(一)饲养优良品种

法国牛羊品种多、质量高。夏洛来牛、利木赞肉牛、蒙贝利亚乳肉兼用品种、诺曼底牛以及美利奴羊、萨能山羊和布雷斯鸡都是世界上的著名品种。品种性能良好、遗传稳定,是发展畜牧业的最大优势。从布局看,是根据各地不同的自然气候条件进行水平地带分布和垂直地带分布的,水平地带主要解决畜种分布。西部和北部主要是养奶牛,中部主要是养肉牛,南部主要是养绵羊,东南部主要是养奶山羊。在每一区域内部,又根据各地的海拔高度和具体条件,进行品种的垂直地带分布。法国 24 个品种的牛和 30 个品种的羊,都在不同海拔高度的区域内,在与其相适应的自然条件和气候环境下合理分布、生存繁衍,并创造相应的价值。

法国的牲畜不但品种繁多,而且质量优良。早在 1900 年法国就开始了品种的选育工作,至今已有 100 多年的历史。1900 年至

1950年为表型选择阶段；1950年开始进入基因选择阶段；1966年法国颁布了《畜牧法》，同时推行了品种改良政策。每个品种都建立了改良委员会，负责本品种的选育提高工作。现在法国所有的24个品种的牛和30个品种的羊，都是适合不同自然环境和气候条件的优质高产的当地良种。这些品种不仅对法国的畜牧业发挥了巨大的作用，而且对全世界的养牛业、养羊业产生了极大的影响。

法国具有严格而详尽的育种条例和严格的认证制度，将畜牧业品种的选育分为猪类、牛类、绵羊和山羊类，对于每一个品种的选育都有专门的法律法规来规范。国家设有负责公开配种、人工授精组织的国家品种改良委员会，规范管理畜牧业品种的选育。它不仅规定了畜牧业机构和从业人员的严格的资质认证制度，而且对不同畜牧品种的培育和选育分别立法，这样，保证了畜牧业从源头上就有良好的开端。法国还设有各种品种的展览馆，主要介绍地方品种的历史、饲养方法和质量标准等，有专业讲解员通过文字和图像资料为参观者讲解，效果很好。法国人追求质量远甚于追求数量，他们讲的是效益最大化，而不是数量最大化。

（二）重视动物疫病防治

法国实行现代兽医（预防兽医、保健兽医）体制和机制，实行典型“垂直”的官方兽医管理制度。兽医管理涉及动物饲养、屠宰加工、市场流通和出入境检疫的全过程监控。农业部公布的动物疫病，卫生兽医部门必须严格实行防疫，真正落实了以防为主的政策，疾病少，疫病更少。法国几乎消灭了危害较大的口蹄疫、结核病等疫病。一旦发生疫情，处理也非常迅速、严格。这样，不仅生产成本低，产品品质也安全可靠，市场竞争力强。此外，法国还非常重视动物福利问题和动物卫生管理。在卫生管理方面，国家颁布许多法律，主要有：《人工授精公猪的卫生条例》、《人工授精公绵羊的卫生条例》、《人工授精公牛的卫生条例》等。

(三)重视公司制经营和专业协会作用

法国政府制定正确的产业政策，国家设有各种资助基金和行业自主性组织来引导、支持畜牧业的规模经营。对传统种植和畜牧业进行调整,粮食、油料种植面积增加,牧草和蔬菜的种植面积减少,同时对粮食作物的耕种面积实行 10% 的休耕,对部分畜牧业产品实行了存栏头数和产量的限制。农业经营方式也从家庭经营方式向现代化的公司制经营模式转轨。政府扶植公司制经营,向新的生产经营公司和个人提供低息贷款和优惠的税收政策，大力推进产业化和机械化。

政府制定的产业法规和产品标准都是通过专业协会贯彻到各个生产环节，专业协会在法国实现畜牧业现代化中发挥了不可替代的导演作用。由专业经营者民主选举产生的专业协会（或合作社)把具有一定素质水平的从业者组织起来,以市场为导向,以效益为目标,以科技为依托,在不打破生产所有制的基础上按照小规模、大群体的模式,以契约方式实行统一供应良种,统一供应标准化饲料,统一按标准化要求进行规范化服务,统一收购产品、销售,结成牢固的产业链条，把生产与市场紧密地连接起来，按照市场需要的畜产品规格标准进行生产。

(四)重视“生产标准化”建设

标准化生产、标准化产品在欧洲叫得非常响亮,而且从政府到企业都在认真地实施标准化工作。法国在畜牧业“标准化”建设方面的具体做法是:一是农产品生产环境标准化。法国在生产有机绿色畜产品及其他畜产品时,对生产环境实施标准化,制定了大量的环保标准。现在,法国农业进入了“合理发展”的新阶段。二是实施生产全过程与工艺的标准化。在进行畜产品生产过程中,严格依据国际统一标准(ISO9001 系列认证)、欧盟统一标准(HACCP)、国家标准(BRC)等,并把这些标准贯穿于生产、加工、流通全过程,而且其标准覆盖率达到98%～100%。如法国鲁高吉奶牛场为达标，对奶牛的设施全部进行了技术改造，新建了标准化栏圈，铺设了给水、给料、排污系统，一次性投资就达40多万欧元，使牛场变成了标准化生产的饲养场。三是严格畜产品质量的标准化。除履行《动植物卫生检疫措施协议》以外，还颁布一系列标准化法规与政策，并采取严厉的惩罚手段。例如，多年以前就制定法规禁止抗生素残留超标牛奶上市(其标准为青霉素类药物残留的限量，为千万分之十)，牛奶在上市前必须经过检测，如发现有抗生素的牛奶，该牛奶场不但要停产和要求追回产品进行销毁，而且要处以罚金。此外，法国是实行质量识别标志制度最严格的国家之一，对于优质产品，使用优质标签；对于载入生产加工技术条例标准的特色产品，使用认定其符合条例的标准合格证书。四是不断提高畜产品质量标准。为了抵御发展中国家的蜂蜜等畜产品进入本国市场，法国要求进口国家的蜂蜜中的氯霉素不能超过0.1个PPB(计量单位，十亿分之一)，也就是说1亿千克蜂蜜里不能有10克氯霉素含量。

(五)重视人才队伍的培养

除了国家科研院校进行专门化高级人才培训之外，法国还特别注重适用技术短期培训，造就了一批技术推广专家。这批专家将科研院校的科技成果及实用技术消化吸收后，变成农户可接受的技术，有的放矢地对农户进行为期1个月、3个月、半年或者1年的短期培训。在培训中心(学校)的试验牧场进行畜禽繁育、饲养、防疫技术以及各种配套农业机械、工具的使用实践，经考试合格者由中心颁发证书，只有凭所获得的证书方能从事农牧场经营。另外，还有一些农户为了更新知识或提高技术水平，经常来中心进行再培训。这一举措，使得法国的养畜业得以持续健康发展。

小资料:法国肉牛的全程跟踪管理系统

法国农业部和法国饲养协会远在欧洲疯牛病(ESB)危机之前,便注意对饲养的牛进行全程的跟踪识别。虽然开始时采用跟踪识别措施的目的,主要是为了检查对家畜饲养资助的份额,但很快有关措施便成了对饲养的家畜群进行卫生管理,并对牛肉进行跟踪识别的有效工具。为了使消费者放心,这两方面的跟踪管理措施是必不可少的。

所有的牛都必须戴有两个身份识别环,每头牛一出生,便有了自己的“护照”。这种身份标志文件是由每个省专门负责牛的身份识别的机构编制的。由此以来,每头牛都有一个独一无二的号码,这个号码标在耳环上,也登记在牛的“护照”上。牛不管到哪里,不管转卖几次,不管是被卖到屠宰场还是另一家饲养户,都要有其“护照”跟随。法国是惟一一个制定了这种体制的国家。如今,法国国土上的两千万头牛都戴有圆环形的识别标志,而且也都有各自的“护照”。牛肉的跟踪管理可以一直追溯到牛的饲养户,而后通过文字记载或计算机数据,环环相扣,一直到超级市场的售货柜台或肉店的货架子上。

与每头牛相应的这个独一无二的号码包括表示国家的字母(FR)和10位数字:前两位数字表示省编码,紧接着四位是饲养户的识别码,最后四位是牛在农场的出生顺序号。

为使整个跟踪管理系统运转良好,尤其是为了避免欺诈,法国对这一系统要进行严格检查,识别耳环只能由农业部授权的工厂制造,护照由安全防伪型的纸张做成,而且省一级的机构经常对饲养户进行不定期的检查。

当牛来到屠宰场时，必须有“护照”。如果某一农场出于卫生原因而被隔离，牛的护照上必然会带有有关的信息。屠宰场会立即拒绝接受一切护照上带有这类信息的牛。

如果屠宰场接受，会给每一头牛分配一个屠宰号码，该屠宰号码与牛的身份号码相对应。屠宰号码用墨水印在宰杀的牛上，同时也打印在分割成一块块的肉上。屠宰场可以随时根据这一屠宰号码找到某一身份号码的牛。然后，屠宰场会将身份特征一样的牛归为一个批次。

送往肉店的宰杀牛通过登记在送货单和发票上的屠宰号码，可以识别其来源。同样，送往加工厂的分割肉在每道工序中也都通过屠宰号和批次号识别。这种跟踪管理的规定可以保证在整个过程的各个阶段证明牛肉的来源。注明牛肉的原产地并不会阻碍牛肉的贸易流通，恰恰相反，当一个国家出现如疫病等问题时，欧洲的消费者可以很容易地知道他们买的肉来自哪个国家，哪些肉还可以买。在水果和蔬菜领域，欧盟几十年来就已经规定必须注明原产地。

第三节 丹麦畜牧业

丹麦王国位于欧洲北部，面积 4.3 万平方公里。丹麦人口 530 万(2002 年)，人口密度为每平方公里 126 人。丹麦的自然条件有利于农牧业的发展。地势低平，平均海拔 30 米，最高点也不过 173 米；地表覆盖的冰碛黄土比较肥沃；由于受西风和北大西洋暖流的影响，气候为典型的温带海洋性气候，冬温夏凉，1 月平均气温为 0℃左右，7 月为 16℃，年降水量为 600 ~ 800 毫米，适于小麦、大麦及其他饲料作物的种植。

丹麦的土地利用率相当高，农田面积约占总面积的3/4，在不适宜耕作的地方，已经被用来造林固沙。丹麦现有耕地255万公顷，约占陆地面积的50%，人均耕地约0.49公顷；牧场大约有21万公顷。丹麦是欧洲人均耕地面积较多的国家，全国几乎没有“无用”的土地。

丹麦的农业具有悠久的发展历史，一直是国民经济的重要部门。特别是自19世纪以来，曾是欧洲著名的谷物生产国和供应国，有“欧洲粮仓”之称。19世纪80年代开始，由于美国、加拿大和阿根廷等国的小麦倾销欧洲，丹麦无力竞争，便转为发展畜牧业，逐渐成为西欧和中欧一些国家的乳制品、肉类和蛋品的重要供应国。至20世纪50年代初，丹麦的畜牧业已达到相当高的水平，以后又有新的发展。

一、丹麦畜牧业发展的特色

在西方发达国家里，丹麦的畜牧业有自己鲜明的特色。丹麦是面积不大的小国，却是一个畜牧业强国。

丹麦人均肉类占有量世界第一，猪肉出口世界第一。1998年，丹麦人均肉类占有量达到了417千克，为世界第一。长期以来，丹麦是世界上重要的猪肉出口国之一，瘦肉型良种猪——长白猪(兰德瑞斯)是丹麦的国宝。在20世纪80年代后期，丹麦猪肉的出口值开始超过荷兰，跃居世界第一；到1995年，猪肉的出口量也超过了荷兰，成为世界最大的猪肉出口国(活猪不计在内)。丹麦出口的猪肉，年平均在70至80万吨之间，1997年猪肉出口额达到24.06亿美元，占世界的23.2%，相当于整个亚洲猪肉出口额的3.4倍多。

丹麦是世界上最大的牧草种子出口国。丹麦农业以发达的种子业(特别是牧草种子)而驰名全球。种子生产在丹麦已经有上百年的历史。丹麦种子的面积占农田的3.3%,种子的产值占种植业的6%~7%。现在丹麦是世界上最大的牧草种子生产国之一,也是最大的出口国,在国际市场上享有很高的声誉。丹麦建有欧洲最大的干草粉厂,也有大量出口。

二、丹麦主要畜牧业部门

丹麦的农业机械化主要发生在第二次世界大战以后，并由此实现了以种植业为主向畜牧业为主的重大转变，这标志着丹麦农业结构实现了以现代化。经过以后几十年的进一步发展,丹麦畜牧业实现了机械化和自动化。

(一)养猪业

丹麦号称“猪肉王国”,专业化养猪十分发达,历来是世界上最重要的猪肉输出国之一。科学养猪在丹麦有悠久的传统。早在1886年就开始了对长白猪的培育工作。经过100多年的培育和改良,成为世界著名的瘦肉型猪种。1998年饲养1200万头以上,而年屠宰量接近2000万头。养猪业的支柱是头数在400头以上的大型农场,其头数约占全国的90%。丹麦的猪肉产量,1998年即达到了180万吨,人均344千克。丹麦猪肉绝大部分供出口,在年出口总量中占7%,用于国内消费的不足20%。丹麦猪肉出口的主要对象是欧盟国家,占64%左右。在20世纪90年代中期,丹麦每年平均出口猪肉约70万吨以上，占世界猪肉总出口量的18%左右，但是其出口值则占世界的22%~24%。2001年生猪存栏数为1261万头,生猪屠宰量为2091万头,生产猪肉183.75万吨,其中85%供出口,出口额达288.9亿丹麦克朗(约合34.81亿美元)。

丹麦肉类协会下属的全国种猪繁育、健康和生产委员会在一些主产区进行综合性的研究,主要研究猪的繁育、饲养、猪舍和猪的健康等。不仅仅要考虑经济生产，还要考虑动物福利和特殊客户的要求。他们的研究还涉及到更加广泛的生产体系和较大的养猪场。丹麦猪群以两品种或四品种良种猪杂交为基础，包括丹麦长白猪、大白猪、汉普夏猪和杜洛克猪。丹麦有效的繁育体系和配种体系确保了种猪的生产，从而为加工企业所需的优质猪肉提供了保障。丹麦养猪和屠宰联合会下设肉品研究所，开发猪肉新产品和育种技术，研究各种因素对生猪生长和屠宰、加工过程中猪肉品质的影响，利用先进技术自动测试肉的成分、瘦肉率、脂肪含量等参数，以保证猪肉产品的高质量和提高产肉率。

丹麦几乎所有的农产品生产、加工企业都是合作社企业，由该合作社的农户所拥有，每人一票，年终按提供产品的多少平均分红。猪肉行业也一样，目前丹麦有3个生猪屠宰合作社，共20个屠宰场、13个加工厂。一线生产工人，根据生产工序的技术要求，均经过定期的技术培训，具备较高的生产技能。每个屠宰场都有国家兽医部门派驻的卫生检疫人员和实验室，每条屠宰生产线上都有卫生检疫人员对屠宰的猪逐个进行检查，这些公职人员的工作和收入都不受屠宰场的约束。但一旦发现问题，检疫人员立即会建议采取及时的改进措施，情况严重的，可要求关闭工厂。他们有绝对的业务权威。最大的屠宰合作社是丹麦科王，占丹麦屠宰量的77.3%，它也是欧洲最大的屠宰联合体。

因为不同的消费群体对猪肉的品质有不同的要求，丹麦的猪肉出口按身体部位销往不同的市场，取得了良好的经济效益。例如，日本人喜欢里脊肉，美国人喜欢猪排，瑞典是后臀的主要市场，德国人更喜食母猪肉，而猪蹄、耳朵、尾巴恐怕就是中国人餐桌上的美味佳肴了。

丹麦的生猪收购原来实行特殊的价格和支付体系，生猪价格每周由三大屠宰合作社根据市场行情协调一次。多年来，丹麦对生猪屠宰重量做出了最科学的计算，屠宰后胴体重量在 67~79 千克的价格最高，对高于 79 千克和低于 67 千克的，则按协调的不同档次价格计算。但随着市场的发展，实行了多年的协调价格体系已经被打破，各屠宰场根据自己的效益和市场行情确定生猪收购价，年底再根据收益分红。尽管如此，由于三大屠宰合作社多年来已经形成了各自的市场体系和份额，生猪收购价相差无几。协会下面还有几个经营猪肉出口的公司，代表三大屠宰合作社向国际市场出口猪肉。农场主作为合作社的成员，有义务将自己饲养的家畜供应给自己所属的屠宰场，屠宰场也有责任全部收购农户供应的生猪。屠宰场根据农户的通知，定期到农户家拉运生猪，所用运输车辆是专用车，而且每次运输后要清洗、消毒，避免批次之间的交叉感染。

“动物福利”在发达国家已经不是一个令人耳目一新的词汇了，尤其是家庭饲养业。欧盟立法规定，从 2006 年起，农场主养猪必须实施室内圈养或野外圈养的开放式方法，保证动物有足够的活动空间。丹麦是动物福利的积极倡导国之一，因此部分农户已经采用了开放式圈养法，而丹麦消费者更是急先锋，市场上销售的产品，只要标有符合动物福利规定的符号，就会受到消费者的积极青睐。

此外，保持食品的安全卫生是当今食品工业成功与否的关键。在这方面，丹麦的猪肉生产行业实行了一系列肉制品加工的质量保证措施，达到世界上最高的卫生标准。在屡次欧洲各地的食品卫生事件中，均未波及丹麦。丹麦对食品生产建立了完整、可靠的可追溯链条系统，即“家谱”。

(二)养牛业

养牛业在丹麦所占比重也相当大。丹麦的专业养牛农户占总农户的 56%，奶牛业和肉牛业分别约占畜牧业产值的 26%和 18%。

奶牛农场的平均规模从1982年的27头增加到1998年的55头。由于欧盟的限产政策，从20世纪80年代以来，丹麦牛的头数从300万头下降到1998年的198万头，其中奶牛从1982年的100万头减少到不足67万头。同期牛肉的产量有16多万吨，牛奶产量大致为470万吨，人均牛奶占有量高达890千克。在夏季，养牛业的饲料来源主要是牧草，冬季主要用青贮饲料、块根以及蛋白质饲料。

（三）家禽业

丹麦近10年来发展较快的是养禽业，规模也越来越大。丹麦每年肉鸡产量超过1亿只。其他禽类产品还包括火鸡、鸭子等，但产量不大。全年禽类总产量为17万吨，3/2用于出口。每年蛋产量为8800万枚，足以满足国内消费。据报道，规模在1万只以上的蛋鸡场占总数的0.8%，为全国提供了73%的鸡蛋。

（四）养貂业

丹麦全国约有3000个养貂农场，水貂产量从1990年的223万只发展到1997年的1200万只，生产貂皮1050万张，貂皮产量占世界的40%左右，价值11亿克朗，90%供出口，但仍然供不应求。此外，丹麦出产的毛皮兽还有灰鼠和蓝狐。

三、丹麦畜产品加工及贸易

（一）畜产品加工业

丹麦的肉类加工业非常发达。猪肉的加工品主要是供出口的香肠、火腿、咸肉以及快餐食品配料。肉鸡的加工厂也是如此，有专门的人员检查鸡的卫生质量，对鸡肉的含水量有特定的要求，加工后的鸡要按其重量分级包装、装箱并立即送到冷库速冻。所有的肉类加工厂都设有质量检测中心，贴上商标和质量合格标志，确保产品质量符合严格的出口标准，以保障消费者的健康和增强国际市场上的竞争力。

20世纪60年代以来,丹麦的草粉工业迅速发展。干草粉原料主要是苜蓿,营养价值很高,是优良的蛋白质和维生素的添加剂。丹麦建有欧洲最大的干草粉厂,每小时可以加工20吨原料。除满足本国消费外,还可以大量出口。

(二)畜产品贸易

丹麦是世界上重要的畜产品出口国,畜产品有75%到80%用于出口。1994年以来,丹麦每年出口的肉和肉制品一直在100万吨以上。2001年出口的肉类及肉制品达到160万吨,在欧盟国家中占第三位,约占欧盟肉总出口量的13%。

丹麦的养猪及猪肉产业经过一百多年的发展,已经成为丹麦国民经济的支柱产业之一,并成为当今世界同行业的巨头之一。丹麦是一个仅530万人口的国家,但猪肉产量仅次于中国、美国、德国、西班牙、法国、巴西等大国,位居世界第七,而出口量世界第一,在国际市场上具有强劲的竞争力。1994年,丹麦的猪肉出口就突破了77万吨,成为世界猪肉出口第一大国。近几年里,猪肉出口一直维持在70万吨以上,创汇维持在22到23亿美元的水平,继续在欧盟和在世界上高居首位。丹麦猪肉出口的主要对象是欧盟国家,占64%左右。丹麦是欧盟中能够把猪肉出口到美国、日本的少数国家之一,其成功的秘诀是在各个环节坚持极其严格的兽医卫生标准。出口猪肉主要以冷冻或冷藏的分割肉为主,火腿肉和罐头制品出口也占有一定的份额。为了满足零售市场需求,直接进入零售市场的猪肉,都是剔骨、去皮、低脂肪的分割肉,零售部门不需再加工。

丹麦的奶制品出口值比较稳定,基本上维持在13至14亿美元,其中鲜奶的出口值通常有4亿美元左右。牛奶除了用于饮用外,更主要是用于制造奶酪和黄油,也都有大量的出口。

位于首都哥本哈根的裘皮中心是世界最大的生皮拍卖交易中

心,交易量占全世界的一半以上。交易活动每年6次,有来自世界各地的买主300多家。

四、丹麦畜牧业科技的发展

丹麦畜牧业的巨大成就来自许多方面,在科技方面的成就是一个重要的因素。先进的科技是丹麦畜牧业发展的先决条件。

丹麦已成功地建立起了一套严格的卫生检疫体制,以确保其肉类、奶制品等大量出口的畜牧产品的质量安全。具体来讲,全国的专业兽医负责对牲畜的检疫、准备检疫报告以及在出口活体牲畜时负责边境防疫工作。国家级实验室对送交的抽检样本进行经常性的化验,以避免疫病的发生。对于一些供出口的活体牲畜,还将就某些疾病进行进一步检疫。以养猪业为例,种猪的选用都经过非常严格的程序,仔猪的饲养、猪的屠宰加工直到制成罐头,生产的全过程都有高标准的质量与卫生监督和质量控制。丹麦对不同的猪都规定了统一的饲养方法和饲料成分,这不仅便于防疫管理,确保猪的健康和质量,而且打通了出口渠道。

丹麦农场主特别重视科学管理:(1)精心选育良种。丹麦有一整套牲畜的繁育体系,运用遗传学理论,采用生物技术方法对每头种猪、种公牛定期测定各种指标。这些良种是经过十几年、几十年的筛选杂交而成,牛肉鲜嫩,牛奶产量高,猪肉瘦肉率高,肉质好。如种猪育种,为了保障丹麦养猪业持续健康发展,联合会非常重视种猪的育种,建立了一个庞大的育种体系,繁育肉质鲜美、体态健康的生猪,生产适合不同消费者的肉制品。他们的育种体系称为“杂交育种计划”(以下简单“丹育”)。为了完成这项工程,丹育联合了44家种猪场,共约有60个种猪群。(2)科学饲养。饲料合理搭配,既有充足的营养,又能节省饲料。(3)农牧业兼营的生产和组织方式。丹麦的农场主都是以农为主,农牧兼营,相互补充,互相促进。谷物产量高,并且拥有良好的牧草种子,为畜牧业的发展提供了物质条件。

丹麦种猪育种是交叉繁殖,以丹育兰德瑞斯、丹育约克夏、丹育汉普夏和丹育杜洛克等四个纯种体系为基础。第一代为核心群,共有 6400 头纯种母猪。在此基础上,培育出第二代,即种猪繁殖群,又在种猪繁殖群的基础上,培育出生猪生产群。生猪生产群繁殖的仔猪育肥后,供应屠宰厂。

种猪育种过程中,90%~95%母猪采用人工授精的方法, 这样使不同种群之间建立起遗传关系。种公猪的精液最多只能与 5%的种母猪进行交配,以防止近亲繁殖,优化品种。在中央测试站,对最具高期望值的种畜进行检测,大约半数被淘汰。选种的性能标准主要包括:日增重、肉料转换比、胴体瘦肉率、繁殖力(窝产仔总数)、肌肉内脂肪含量等。

丹麦还采用无菌环境培养法进行种猪育种, 提高生猪的质量。无菌培育法培育种猪,都是在具有高度卫生条件的猪场进行的,由专业公司负责技术指导,养猪场实行隔离封闭式管理。这些猪场没有特定病原体引起的疾病,如传染性痢疾、支原体肺炎、萎缩性鼻炎、虱和疥癣等。该种猪群的生产多数是用剖腹产的方法,其目的是建立新种猪群。该类种猪的运输也是使用带有密封空气过滤器通风设备的专用车运输,其目的是避免转运过程中的交叉感染。

在提高种猪基因技术的同时, 丹麦还重视提高母猪产仔率的技术水平。专业技术人员通过数年的研究,通过提高受孕率、减小胎中猪仔体积,达到一胎多产仔猪的目的,大大提高了经济效益。

丹麦种猪(包括精液)不但能满足本国市场需求,还大量出口到其他国家和地区。丹麦猪的主要特点是健康系数高,瘦肉率高达 60%。丹麦养猪和屠宰联合会的生猪生产部,承担猪饲料营养的综合研究。通过混合饲料和对饲料成分的检测分析，为养猪的农民提供技术咨询和指导，以达到最理想的效果和最好的经济效益。

丹麦的猪饲料以谷物为主，主要是大麦、小麦、黑麦、豌豆、豆粉等。另外，加少量油饼、动物脂肪、肉骨粉、蛋白等添加剂。丹麦法律严格禁止饲料中使用催长剂、荷尔蒙等生长激素。

猪的饲养以科学的配方为指导，提高饲料转换率，丹麦养猪的料肉转换率在 2.3 以上，平均日增重 900 克左右。饲料输送全部自动化，猪每天的进食量由电脑控制，根据不同生长期定时、定量喂养。饲养 1000 头生猪，仅需 0.3 个劳动力。由于采用科学的饲养方法，丹麦猪的体重、身长、身高、瘦肉率基本相同，所以能在标准的自动生产线上进行屠宰。丹麦生猪饲养出栏天数约 160 天。

通过多年的努力，丹麦基本消灭了各种危害猪健康的传染性疾病，保证了猪群的健康。丹麦国家食品和兽医管理局每月公布各类动物的“I、II”类疫情。养猪行业也非常重视检疫和防疫工作，极力消灭各种危害性疾病和容易传染给人类的病毒。目前面临的主要是沙门氏菌，超过 100 头猪的养殖场，都要定期进行检查。当前猪肉的沙门氏菌检出率为 1%，世界上只有丹麦和瑞典能达到这一水平。

丹麦极为重视环境保护，努力将各种污染减少到最低限度。丹麦的屠宰厂对生产线上的废水实行净化处理后循环利用。为了防止氮流失和污染地下水资源，猪的肥料要经过发酵处理后按规定的时间（春秋两次）施入田间，化肥的种类和数量要严格按照专家推荐的标准施用，肥料和化肥施用后必须通过电脑网络向农业部报告，农业部门定期抽查。法律对农场的面积和农场主可拥有家畜的数量有限定，规定了农场土地面积与施肥量的比例。每个农场饲养家畜的数量不超过 500 个单位，一个单位相当于 1 头奶牛、或3头种猪或30头生猪或2500只肉鸡。但一般农场在达到250个单位时，相关部门和机构就要对其环境效应进行评估，根据评估的结果再决定是否同意其扩大规模。

五、丹麦的畜牧业管理

丹麦在欧盟共同农业政策的框架里活动。由于欧盟农业生产限额的制约，丹麦一些农产品的产量近年来增长不大，只能靠质优取胜，才能扩大市场和提高创汇率。丹麦在畜牧业管理上有其独到的经验。

(一)较早开始从种植业为主向畜牧业为主的转变

19世纪以前，丹麦农业一直是以粮食种植业为主的典型的传统农业。到19世纪末叶，由于蒸汽船被广泛应用于国际贸易，欧洲市场上大量充斥北美、俄国的粮食，使欧洲粮食价格下跌，饲料价格也随之下降。此时，丹麦农民同荷兰一样，开始了符合实际的历史性的战略转变，以廉价的饲料大力发展畜牧业，使畜牧业成为农业经济主导部门，进一步又使畜产品成为丹麦重要的农业出口品。世界农业发展的趋势表明，丹麦、荷兰和其他许多欧洲国家所代表的以畜牧业为主的现代农业结构，在许多方面优于传统谷物为主的生产结构，主要特点是有非常高的劳动生产率。

(二)建立面向千家万户的畜牧业咨询服务体系

丹麦的畜牧业服务体系是由政府部门、合作社和私人机构三部分组成的。其中，由各种畜牧业合作社组成的服务体系在整个畜牧业服务体系中占有最重要的地位。丹麦的畜牧业咨询服务驰名于世，被称为“丹麦模式”。一百多年来，丹麦建立起了各种研究所和咨询服务机构，咨询中心遍及全国各地。这种服务是按国际标准设立的，其主要特点是：咨询服务工作由被服务者来管理，机构由农民组织建立，分地方和全国两个层次；咨询服务获得国家的经费补助,咨询人员经济上独立;咨询机构为农业生产各个领域提供良好的服务,服务具有权威性和公正性。政府重视咨询服务人员的再教育工作,通过农业部提供咨询人员的70%的工资和再教育费用及部分差旅费用,其余部分由地方协会补足。政府大约为地方协会负责全部咨询服务开支的50%~60%。丹麦的咨询服务保证了农民能从研究部门获得最新的科学和经营管理技术,地方咨询中心遍布全国。丹麦的农民组织承担了政府的许多职能,如农业科技推广、产前产中产后的服务、农民教育和培训等。

(三)建立众多的协会和行业组织

丹麦畜牧业有众多的行业组织,它们已经成了当地社会生活的基础,是把农民与市场、政府联结起来的纽带。这些组织承担着两方面的职能:一是政治上代表畜牧业主的利益,与政府和议会打交道;二是专业方面的服务,特别是咨询服务。涉及肉类制品、乳制品、种子、家禽饲养、裘皮等的协会,可以为农民提供详细的信息、专门的技术,组织和扩大出口。

以丹麦肉类协会为例。所有联合屠宰场和他们的入围企业都是丹麦肉类协会的会员,协会的宗旨是保护本行业的利益。丹麦肉类协会委员会有14个成员,他们都是来自4个联合企业的代表,另外,有两个成员选自大型农业联合会,即农场主联合会和丹麦家庭农场协会。丹麦肉类协会的主要职能:最大限度地保证丹麦猪肉工业的利益;充当本行业发言人和与其他各界交流的代表;与技术委员会成员以及理事会密切协商本行业的发展策略;创造和开发新产品并为生产商提供多种服务;支持并发展行业内各界,如养猪业、屠宰业、加工业及销售业的密切合作。丹麦肉类协会还肩负多种使命,其中一项就是在行业内外收集和发布信息,业务范围涉及养猪生产、屠宰、加工和产品销售,如国内和国际市场的销售计划等贸易和消费者咨询。丹麦肉类协会资金的三大主要来源:养猪业者交纳的款项;来自丹麦土地税的退税款;会员企业交纳的会费。

(四)特别重视畜牧业从业人员的继续教育

丹麦合作社组织给予良好的全过程服务，农民则必须经过良好的专门教育。丹麦大约有2%的年轻人从事农业。他们受到相应的基础教育,全面了解农业这一行业的必要知识。许多年轻人愿意去美国、加拿大、澳大利亚或英国的农场工作一段时间,获得绿色证书。每年获得绿色证书的大约有900人。丹麦法律规定,农民要想购买30公顷以上土地的农场,必须持有绿色证书。农民还必须经常更新自己的知识,每年大约有6000到7000农民参加所谓“一周农校课程”,由专家们讲授有关课程。农民之间也互相学习,特别是富有经验的农民通过自己的生产实际得出的经验，更受到农民的欢迎。

(五)独特的农场制度和实行鼓励农民投入的政策

丹麦农场的土地都为农场主所有。在其私有的土地上,农民可以在土地法允许的范围内自主决定其经营活动，使农民的积极性得到充分的发挥。在青老交替、发生农场继承时,欧洲大多数国家都有单子(女)继承“土地不可分割”的制度,即父辈的子女如果不止一个,不允许把农场的土地细分为若干部分让几个子女继承,保证了农场规模的不断扩大。丹麦在此基础上进一步创新,形成了一种颇为独特的农场制度，促使农民在代代相传的过程中增加对土地的投入。

丹麦的农场虽然是私人占有的,但是国家的税务法规定:农民子女不得无偿继承老一辈的产业;青年如果想要务农,必须按市场价格从其父母那里购买。购买之前,要请咨询专家对各项经费预算进行评估,才可能从银行获得贷款。青年农民从抵押信贷银行只能得到农场总价值70%的贷款,所以青年人必须积蓄资金。他如果不能交付抵押信贷的利息和本金，抵押信贷银行就可以接管整个农场。因此，青年人必须在2~3个农场进行农业实习9个月，学会各种农活，积累从生产到销售各方面的知识，同时也获得可观的工资。青年农民通常先买下农场的一部分，与其父母一起从事经营数年，父母也向子女支付相当的报酬。只有青年农民有了相当的实力，有能力实现扩大再生产的再投资，才购买和接管整个农场。

这样做，青年人不仅有较好的经营能力和业务素质，而且懂得他的农场来之不易，应当努力使自己农场增值。这样，农场在一代人之间每周转一次，就得到一次新的投入，并且保证农场继续由有志于务农并且具有较高专门技能的青年人经营。

第四章　北美洲畜牧业

第一节　美国畜牧业

美国，全称美利坚合众国，位于北美洲中部，领土还包括北美洲西北部的阿拉斯加和太平洋中部的夏威夷群岛。北与加拿大接壤，南靠墨西哥和墨西哥湾，西临太平洋，东濒大西洋。国土面积937万平方公里，本土东西长4500公里，南北宽2700公里。人口约2.96亿(2005年)，其中城市人口占全国人口的75%以上。美国的气候大部分地区属温带和亚热带气候，仅佛罗里达半岛南端属热带。阿拉斯加州位于北纬60至70度之间，属北极圈内的寒冷气候区；夏威夷州位于北回归线以南，属热带气候区。美国幅员辽阔，地形复杂，各地气候差异较大。

美国自然资源丰富，发展畜牧业有着得天独厚的条件。全国大部分地区雨量充沛而且分布比较均匀，平均年降雨量为760毫米。土地、草原和森林资源的拥有量均位于世界前列。2000年美国农业用地为4.183亿公顷，其中耕地面积约占国土面积的19%，为1.79亿公顷，人均为0.62公顷。美国还有永久性草地2.4亿公顷，森林和林地2.65亿公顷。

美国的畜牧业高度发达，是资金和技术密集的产业。美国畜牧业产值占农业总产值的48%，畜产品绝对数量大，人均占有量高。美国是畜牧业生产的超级大国，各种畜产品的产量在世界上都居前列。2001年,牛肉产量为1198万吨,占世界的21%。肉牛存栏9610万头,居世界首位,牛肉产量和人均占有量均居世界首位。美国是世界第二大禽肉生产国,2001年禽肉为1674.7万吨,占世界的24%,禽肉产量超过整个欧洲产量。2001年鸡蛋为508万吨,占世界的9%,鸡蛋产量列世界第二位。2001年奶类为7502.5万吨,占世界的13%。20世纪90年代中期人均肉类的消费量开始达到100千克,1997年为125千克,2003年为140千克。人均占有禽肉和禽蛋居世界前列。

与种植业相似,美国的畜牧业生产也呈带状分布,如东北部、北部、中部的乳用畜牧业带集中了全美70%的奶业生产,乳用畜牧业带以南及附近地区是肉用畜牧业带,集中了美国50%以上的肉牛生产和80%以上的生猪生产。得克萨斯州是美国最大的动物产品生产州,销售额超过100亿美元,其次是内布拉斯加州和衣阿华州。

美国畜牧业与种植业紧密联系。美国畜牧业生产的高产出主要靠资源的高投入,所以粮食消耗量大。为了减少生产费用,取得资源的合理配置和最佳的经济效益,美国所有消耗粮食大的畜牧业生产都位于粮食产区。养猪集中的各州如伊利诺伊州、衣阿华州、印第安纳州、密苏里州,都位于种植业生产的玉米带上,全国70%的玉米出产在这里,为养猪生产提高了充足和廉价的饲料玉米。

一、美国主要畜牧业部门

(一)养牛业

美国牛的存栏数在20世纪70年代初到达1.4亿头的巅峰后一直呈下降趋势,80年代末90年初曾下降到一亿头以下,后又回升到1亿头左右,居世界第三位。

肉牛是美国畜牧业中最大的生产部门,产值占畜牧业产值的

25%。美国的肉牛是16世纪由西班牙人引进到佛罗里达州、密西西比河流域和美国西南部一些地区。17世纪时,英国和荷兰殖民者又将肉牛引进到美国大西洋沿岸一些地区。1805年第一批用玉米育肥的肉牛从俄亥俄州发展到巴尔的摩，开辟了美国国内的市场。1860年以后随着新修铁路不断延伸,肉牛饲养从大西洋沿岸延伸至伊利诺伊州、衣阿华州和内布拉斯加州。由于具有广阔的优良牧场、温和的气候和大量的廉价玉米,使这里成为美国肉牛业的巨大中心。

2004年1月全美国有肉用母牛3286万头，育肥存栏牛1381万头,待育肥母牛1532万头,小牛1520万头,产牛肉1194万吨,肉牛业销售收入700亿美元。

美国肉牛业分布较广,存栏100万头以上的州占70%。集中产地一是中西部地区,包括堪萨斯、内布拉斯加、南达科他、俄克拉何马、科罗拉多等州;二是西部地区,主要包括加利福尼亚、华盛顿、俄勒冈等州;三是东部地区的田纳西、明尼苏达、宾夕法尼亚、佛罗里达等州;四是中南部的得克萨斯州,养牛业最发达,2003年肉牛存栏1400万头,约占全美国的14.6%,居第一位。第二、三位为堪萨斯州和内布拉斯加州,存栏数分别为635万和620万头,各占全国总数的6.5%左右。

美国饲养的肉牛品种主要有安格斯牛、海福特牛、婆罗门牛、西门塔尔牛、夏洛来牛,此外还有短角牛、圣格鲁迪牛等品种,每个品种都有品种协会,实行良种登记,负责品种选育。肉牛大部分是两个或两个以上品种杂交。杂种牛生长快,易育肥,肉质好。家庭农场饲养比较多的是安格斯牛和海福特牛的杂交一代，其生产性能好,后代适应性强,增重快,出栏率和出肉率高。南部地区多为安格斯牛或海福特牛与婆罗门牛杂交,其生产性能也很好。

美国奶牛头数为899万头,牛奶产量7502万吨,平均单产8

吨，最高单产 12 吨，人均占有量达 267 千克，居世界首位。奶牛主要分布在美国太平洋沿岸、五大湖地区、南部平原区和东北部地区，形成著名的“奶牛带”，这些地方生产的牛奶占全国产量的 70%以上。

美国奶牛的主要品种是荷斯坦牛、娟姗牛和其他一些乳肉兼用型品种。全国建有数量众多的奶牛育种中心和种牛公司，进行高产奶牛的商业性培育和奶牛的繁育。无论是奶牛育种中心还是奶牛饲养场，都十分重视奶牛的后裔测定工作，对每头牛的血统和产奶量都做十分准确全面的记录，为培育高产奶牛提供了良好的基础。

（二）养猪业

美国是世界养猪生产大国，生猪存栏数和猪肉产量占世界第二位。美国养猪生产原主要分布在玉米生产的集中地区，北部平原区和大湖区附近的 8 个州，东起俄亥俄州、密执安州，西北到明尼苏达州，西南到密苏里州。这里生产了全国 70%以上的玉米，为养猪生产提供了充足、廉价的饲料玉米，所以美国生猪生产的 80%分布在这里，其中依阿华州占全美生猪生产的 27%。生猪生产布局在饲料产地符合畜牧业经济效益原则。美国生猪生产在西部和新英格兰很少。然而，进入20世纪 90 年代，在南部各州一些地方生猪生产数量上升，一些大企业从几百英里以外的州运输饲料来发展养猪生产，比如北卡来罗纳州、得克萨斯州和宾夕法尼亚州、威斯康星州，是南部和东北部地区几个生猪生产量较大的州。以 2003 年出栏数计算，美国养猪生产排名前十位的州为：衣阿华、北卡来罗那、明尼苏达、伊利诺伊、内布拉斯加、印地安那、密苏里、俄克拉何马、堪萨斯和俄亥俄州。

美国饲养猪的品种主要有 7 个，其中 5 个为单一品种，2 个为配套系种猪：5 个单一品种为长白猪、大约克夏、杜洛克、汉普夏和皮特兰；2 个配套系种猪为康贝尔（PIC）和迪卡。但猪的主体品种仍然是前4个单一品种。在全美700多万头存栏母猪当中，康贝尔约占6万头，迪卡约占2万头，双品种杂交的母猪约占70%，而饲养的纯种母猪仅占17%。当然上市商品猪100%为杂交猪。

人工授精技术在养猪生产中的作用越来越大。现在约50%~70%的猪场采用了人工授精技术。采用人工授精技术一方面可充分利用种公猪的遗传优势(采用本交配种比率为1:25，而采用人工授精技术，配种比率可达1:200)，加快遗传进展，另一方面可节省昂贵的引种费用。特别是冷冻精液人工授精技术已在奶牛、肉牛、羊、猪和禽上广泛推广应用，显著地提高了繁殖率。

(三)禽蛋业

美国是世界上最大的禽肉生产国和出口国，是世界第二大禽蛋生产国。养禽业是美国畜牧业生产中发展最为迅速的产业，禽肉产量从20世纪80年代初的650万吨增加到2002年的1912万吨，平均年增长率接近5%，同期世界平均年增长率为4.8%。美国禽肉产量中83%为肉鸡。

肉鸡。美国肉鸡生产集中在东部、东南部各州和西部的加利福尼亚州。佐治亚、阿肯色州和亚拉巴马三州的肉鸡产量占全国总产量的42%。其中佐治亚州的肉鸡存栏量和产值最高，2002年分别达12.9亿只和21亿美元。生产前五位的州是佐治亚、阿肯色、亚拉巴马、密西西比、北卡罗来纳。美国的肉鸡品种主要是AA肉鸡、艾维茵肉鸡、考伯肉鸡、哈巴特肉鸡以及海波瑞德火鸡。

火鸡。美国是世界上最大的火鸡生产和消费国家，年生产火鸡2.7亿只左右。主产区较为分散，生产量前五位的州有北卡罗来纳、北部的明尼苏达州、东部的阿肯色州、中部的密苏里州、东部的弗吉尼亚州和西部的加利福尼亚州。年人均消费火鸡肉20磅左右。

禽蛋。美国的禽蛋生产在统计上分食用禽蛋和孵化蛋，食用蛋占全部禽蛋生产量的85%，2001年鸡蛋为508万吨，鸡蛋产量列世界第二位。2003年生产量前六位的州有衣阿华州、俄亥俄州、宾夕法尼亚州、加利福尼亚州、印地安纳州、得克萨斯州。年人均消费禽蛋256枚，约合16千克。

（四）养羊业

养羊业在美国整个畜牧业生产中所占比例不大，其产值占畜牧业产值不到1%，占世界的份额就更小。2002年羊肉产量10万吨，仅占世界羊肉产量的1.6%。养绵羊最多的州是得克萨斯，2004年1月存栏数为110万只；其次是加利福尼亚州；排名第三至五的是怀俄明州、南达科他州、科罗拉多州；6~10名为蒙大拿州、犹他州、爱达荷州、衣阿华州和俄勒冈州，饲养量都在20~30万只之间。

美国全国有奶山羊200万只，主要饲养在美国南部各州和加利福尼亚州，年产羊奶60万吨。奶山羊的主要品种有萨能羊、阿尔卑斯羊、奴比羊、吐根堡羊和美国拉曼查羊。

二、美国畜牧业的生产、管理和科研体系

（一）生产体系

随着美国畜牧业生产越来越工业化、专业化、集约化，各类畜牧养殖场的规模都在扩大而数量却在减少。1984年全美有43万个猪场，到1996年已下降到不足20万个。1000头以上的规模猪场生产的生猪从上世纪80年代占美国市场的34%上升到90年代的65%。美国三家最大的肉鸡公司已能生产美国42%的肉鸡。在规模效益和利润的驱动下，全行业各畜种畜牧生产水平都很高。每个鸡场的平均规模为20~25万只，最大的蛋鸡场饲养蛋鸡1800万只，最大的肉鸡场可以年产肉鸡上亿只。1/4以上的肉牛育肥场年出栏肉牛10万余头，最大的肉牛育肥企业年出栏30万头以上。集约化经营的益处很多，牧场主完全自主经营，按市场需求自行确

定生产规模，自由选择家畜品种、饲养方式、出售途径等事宜，政府部门不加干涉，把畜牧业生产完全置于市场经济的大环境之中。

美国畜禽饲草饲料配合达到营养化、多样化、科学化。有的牧场，家畜一年四季都能饲喂苜蓿草和大麦草。奶牛的饲料组成有豆粕、低毒棉籽、燕麦和玉米，还有优质苜蓿干草、青贮玉米、啤酒糟等。在枯草季节为了补充肉牛的营养需要，采用以浓缩饲料舔砖的方式来增加蛋白质，每头牛每天补饲量为 4 磅。

美国政府对畜禽疫病防治十分重视，制定了一系列法律与法规，并且在体系建设上，实行了官方兽医和职业兽医制度。联邦政府和各州政府都设立了相应的畜禽疫病防治管理机构，兽医官代表政府执行公务，对各地的畜禽疫病防治情况进行监督检查，一旦发现动物疫情，政府马上作出快速反应。

此外，生产服务实现社会化。美国的畜牧业生产已经实现了社会化。在生产经营上，以市场需求为导向，遇到问题找市场不找市长，找中介组织不找政府部门。尤其是各种行业协会和专业组织，主动为生产者提供产前、产中、产后的全面系统服务。

（二）管理体系

畜牧业管理法制化。美国是一个法制国家，畜牧业管理法规比较健全，从饲料、种畜禽、兽药生产，到饲养、加工、运输等各个环节，都有法规可循。仅在畜产品安全卫生方面，就有《联邦肉类产品检查法》、《联邦畜类产品检查法》、《联邦鸡蛋产品检查法》等多部法律法规。为了有效执法，联邦政府有专门的监督员，负责食品安全卫生监督检查工作。

美国的畜牧业生产由农业部统管。农业部内设立专门的畜牧局，农业部的研究和推广局负责畜牧业和种植业的技术推广与生产上的指导；动植物健康监测局负责动植物进出口的检疫和监测工作；食品安全与监测局则主要负责食品的卫生与安全的监测和执法。农业部对畜牧业生产的管理主要是执法、政策指导和提供推广服务，不直接抓生产管理。州农业厅设有畜牧处，主要负责畜牧业的执法、政策指导和协调等工作。

在畜牧生产中，各种不同的协会起着重要作用。比较大的协会有美国饲料谷物协会、美国饲料行业协会、全美养牛人协会、美国奶牛协会、全国奶牛群体改良协会、全美养猪协会、全美家禽协会等。这些协会在本行业的生产（农户）、科研、推广销售和加工等方面起联络和纽带作用。

（三）科研体系

美国的畜牧业研究体系比较健全。研究机构的层次可分为国家和州两级。全美在 22 个州设立了 30 多个国家一级研究机构，这些机构有的与大学在一起，有的独立，但都有自己的基地。

在饲料与牧草方面，农业部在密西西比州设有饲料研究所，在威斯康星州设有美国奶牛饲料研究中心，在蒙大拿州设有福特畜牧与草场研究室，在怀俄明州设有高原草地研究站，在新墨西哥州设有约纳德草场管理研究所，在俄克拉何马州设有放牧草地研究所。

在大牲畜（肉牛、奶牛、生猪和羊）的研究方面，在内布拉斯加州设有罗曼全美肉类动物研究中心，在北达科他州设有动物代谢与农化研究所，在乔治亚州设有动物生理研究所，在得克萨斯州设有食品与饲料安全研究所，在爱达荷州设有美国羊实验站等。

在畜牧病虫防治方面，在衣阿华州设有国家病害研究中心，该中心有 7 个研究所。在密苏里州设有动物生理研究所，在纽约州设有非洲猪病研究所，在怀俄明州设有动物病害研究室，在俄勒冈州设有动物病害研究所，在得克萨斯州设有莱普灵畜牧虫害研究室等。

在家禽方面，在密西西比州设有家禽研究所，在马里兰州设有家禽饲料安全研究所，在乔治亚州设有家禽微生物安全研究所、家禽加工质量研究所、东南部家禽研究室，在阿肯色州设有家禽生产及禽产品安全研究所等。

此外，各州在州立大学还设有各类畜牧业的研究机构。畜牧业的科研经费主要由农业部拨给，各州政府、各种畜牧业的协会和私人基金会也提供适当的资助。

三、美国的有机畜牧业

1997 年，美国有 15 个州饲养有机牛、猪和羊。13 个州饲养有机奶牛，以纽约州最多。1992~1994 年间，有机奶牛饲养量增加了 3 倍，1994~1997 年间有机奶牛数量又翻了一番，达 1.3 万头。1994 年有机饲养的蛋鸡数量为 4.8 万只，1997 年达到 54 万只，以加利福尼亚、纽约和弗吉尼亚州最多，其他有机饲养的动物有山羊、鱼和蜜蜂等。

有机饲养的动物占动物饲养总量的比率不到 1%。有机肉制品的市场比植物制品市场发展慢，主要原因是 1990 年，美国食品与药品管理局只批准植物制品、有机蛋制品和奶制品可以使用有机食品标签。1999 年 2 月，美国农业部（USDA）批准对有机肉制品实行标签制度，有机肉制品市场发展加快。

小资料：美国人怎样养猪

近 10 年来，美国在母猪选育、断奶猪管理和饲养技术方面发生了巨大变化。目前，美国养猪业中盛行以下一些做法。

个别断奶。即把窝内较重的仔猪提前 2 ~ 3 天断奶，使体重较小的仔猪能有机会吃到较多的母乳。据研究，断奶时体重超过6.5千克的仔猪能比断奶体重低于5千克者提前7天达到上市体重。

一条龙饲养法。即把断奶仔猪直接从母猪舍转移到肥育舍，养至达到上市体重，从而减少了从母猪舍到保育舍这一传统环节，避免了由此对猪产生的一些应激反应。此法的主要优点是增重较快，劳力和运输费用较低；缺点是猪舍利用率较低，不能像往常那样做到每栋肥育舍每年养三批猪。一条龙饲养法还要求肥育舍有较好的保温性能，饲养员有较高的技术水平。

母猪的阶段饲养法。母猪在怀孕和泌乳期内消耗大量的体内储备营养，主要是脂肪、蛋白质和矿物质。在泌乳期的最初几周内，母猪的背膘可减少30%。为了使母猪再度发情，必须迅速重建营养贮备。母猪阶段饲养法至少包括4种饲料：泌乳后期料、配种前期料、配种后期料和怀孕后期料。断奶后每天增加能量饲料1.256兆焦摄入量，可使窝仔数约提高一头。所增加的能量必须是淀粉的形式。从淀粉产生的葡萄糖可刺激排卵。有机微量元素也有利于恢复母猪体内的微量元素储备。

合作母猪场。这种做法是若干个生长猪场共有一个饲养1200~1600头母猪的母猪场。一般每个母猪场有8个股东，取决于仔猪在保育舍内的停留时间。每个股东要接受母猪场在一周内所生产的全部断奶仔猪。当这些猪离开保育舍后，该生长猪场再从母猪场接受又一批在一周内生产的全部仔猪。合作母猪场是全进全出式生长猪场的重要组成部分。而全进全出式正在越来越多的猪场取代不间断出场的方式。这种方式有利于提高管理效率并在两批猪之间实施更彻底的清洗消毒。

断奶仔猪隔离饲养法。在1~2周龄实行断奶,把断奶仔猪放到远离母猪场的保育猪舍饲养，旨在减少某些疾病从母猪往仔猪的垂直传播。隔离饲养法可提高母猪每年的产仔数,但可能会减少下一窝的产仔数和产仔率。

提高上市体重。上市体重已从100千克提高到114千克。屠宰场为了提高加工效率愿要体重较大的猪。现代的猪种也能达到较大的体重而不积累过多的脂肪。

第二节 加拿大畜牧业

加拿大位于北美洲北部。东临大西洋,西濒太平洋,西北部邻美国阿拉斯加州,南界美国本土,北靠北冰洋达北极圈。加拿大地广人稀,资源丰富,国土面积998万平方公里,居世界第二位,人口3175万(2004年)。海岸线约长24万多公里。东部气温稍低,南部气候适中,西部气候温和湿润,北部为寒带苔原气候。中西部最高气温达40℃以上,北部最低气温低至-60℃。

2003年,加拿大农、林、渔业总产值229.38亿加元,占国内生产总值2.26%。其中农业总产值106.19亿加元。主要种植小麦、大麦、亚麻、燕麦、油菜籽、玉米等作物。可耕地面积约占国土面积16%,其中已耕地面积约6800万公顷,占国土面积8%。2003年,农业人口33.95万人,占全国就业人口的2.16%。加拿大是世界粮食和畜产品出口大国,全国有耕地6800万公顷,农业劳动力人均耕地141.4公顷,常年谷物产量5000多万吨,农业劳动力人均谷物产量达80吨,被誉为“北美粮仓”。丰富的农业资源、充裕的谷物生产,为畜牧业的发展提供了良好的物质基础。加拿大畜牧业主要有肉牛、奶牛、生猪、羊和家禽,2003年加拿大生猪存栏1466.7万头,肉牛存栏1345.4万头,奶牛存栏107.5万头,山羊和绵羊存栏

100.6 万只，鸡存栏 1.6 亿只。其生产方式是以规模化、集约化的家庭牧场为主。主要特点表现为，牧场土地资源与养殖生产规模相适应，饲料生产和家畜饲养相配套，执业兽医防疫与牧场自行防疫相结合。特别是科技在畜牧业生产中得到了广泛应用，如全混合日粮肉牛育肥、胚胎移植、青贮与半干青贮、仔猪早期断奶、饲养全程计算机控制等技术在家庭牧场被普遍采用，最大限度地发挥了畜禽生产的潜能，个体生产效率都处于世界领先水平。

加拿大的中部地区是全国畜牧业最发达的地区。其中，魁北克省的商业性农场中有一半多是大草原，三省的牧场及草原拥有大规模的牛群。加拿大靠着高效的管理制度、廉价的饲料、新的冷藏技术、严格的检验制度和优良的种畜，在国际市场上具有相当强的竞争力。

一、加拿大养牛业

家庭农牧场是加拿大草原畜牧业的主要经营形式。其中，奶牛和肉牛养殖业最为发达。目前农场总数约为 25.4 万个，平均规模在 300 公顷左右。机械化程度高，许多田间作业可以一次完成，节省人力、降低成本。

奶牛。加拿大拥有 159 万头母牛和后备母牛，畜群的平均大小为 62 头，奶牛农场为 21,911 家，81%的农场分布在安大略省和魁北克省，西部省和大西洋沿岸省份分别拥有 14%和 5%的农场。牛奶年销售量为 73.1 亿升。

肉牛。加拿大拥有肉牛 580 多万头。肉牛快速育肥技术十分先进，每个育肥场规模几千头到 1 万多头不等，一般用于育肥的牛有 12 月龄的小牛和架子牛，架子牛的重量在 500 千克左右，育肥 120~150 天后出栏。育肥期间平均每天每头牛增重 1~2 千克。育肥场的牛分为两类，一类是育肥场自己购买的牛，另一类是寄养牛。育肥的关键技术也是给育肥牛提供高品质的全价饲料。全价饲料中包括了高质量青贮饲料和精料，一般青贮饲料由青贮玉米或大麦制作，精料的比例由开始的10%增加到最后的84%。整个育肥过程全电脑控制。

二、加拿大的畜产品生产及贸易

加拿大是世界上第二大猪肉出口国，占世界市场的份额为16%，仅次于欧盟的26%。加拿大的猪肉主要向德国、意大利、法国和英国出口，近年来又向俄罗斯、古巴和波兰拓展，羊肉则主要输往法国、古巴和美国。

加拿大的奶制品加工业是第二大食品加工业。由于采用了最新的技术，加拿大的奶制品可以有更长的保质期。1993年，加拿大加工奶达到了68亿升，其农场价值约为34亿加元。英国是加拿大奶制品的最大进口国，进口值达2750万加元；其次是阿尔及利亚和美国，分别为2540万和2390万加元。

1993年，加拿大禽蛋出口8200万加元，比1992年增长11%，主要出口美国（占48%）、日本（16%）和欧盟（13.5%）。蛋类加工品有蛋白、蛋黄、冷冻蛋、蛋粉和液体蛋。禽、蛋加工品的需求量近几年来稳步增长，其速度超过了对红肉的增长速度。

三、加拿大的饲料业

发达的畜牧业带动了饲料工业的快速发展。2003年，加拿大生产配合饲料2500万吨，其中商业饲料1500万吨，畜禽养殖场自配饲料1000万吨。加拿大饲料产品总销售额为35亿加元，在全国工业行业中排第16位，是世界第六大饲料生产国，也是连续5年饲料工业快速增长的国家之一。加拿大饲料品种结构以牛猪禽配合饲料为主，其中牛配合饲料占44%（其中肉牛 29%，奶牛 15%)，猪占 37%，家禽占 16%，其他占 3%。近年来，加拿大饲料企业竞争激烈，兼并重组步伐加快，商业饲料加工企业已从 700 多家减少到目前的 600 家，从业人员只有 9000 人。加拿大最大的两家饲料企业的产量即达 500 万吨，占全国产量的 20%。

四、加拿大的牧草业

(一)牧草种子生产

牧草种子产业是加拿大牧草产业的重要组成部分。种子生产中以紫花苜蓿为主，其制种授粉采用生物授粉方式，即在种子田里饲养切叶蜂，依靠切叶蜂授粉，提高了授粉效率。另外，红三叶和杂三叶也是收获种子的主要作物。草地早熟禾、匍匐紫羊茅、高羊茅是主要的草坪草种。

加拿大牧草种子可以进行认证生产或简单的普通种子生产。认证生产一定要通过严格的政府检验标准。牧草种子的认证、分级和检验在加拿大已经形成一整套机制。一个牧草品种在加拿大注册前，必须进行试验以确定耐寒性、产草量和抗病性等品种性状。系谱种子的生产和认定要经过法定机构的质检员进行种子检验。出口用种子必须达到一级标准，并由认定的机构负责检测。

(二)牧草及饲料作物种类及混播组合

加拿大人工草场种植了多种禾本科和豆科牧草及饲料作物，种类因地而异。禾本科牧草及饲料作物主要包括猫尾草(也称梯牧草)、无芒雀麦、草地雀麦、沙生冰草、苇状羊茅、鸭茅、俄罗斯野麦、燕麦、秋黑麦、青贮玉米、大麦；豆科牧草品种主要有紫花苜蓿、红三叶、红豆草、百脉根、鹰嘴紫云英等。

加拿大牧草混播技术很发达，为了实现高产和提高草食家畜对草地利用效率，在人工草地建设中常常采用牧草混播，已开发出一些用于牧草混播技术软件，大大方便了农牧民和销售牧草种子公司。常见的混播组合有：紫花苜蓿＋梯牧草＋无芒雀麦；紫花苜蓿＋沙生冰草；紫花苜蓿＋鸭茅。

（三）干草生产

在加拿大，苜蓿用于生产脱水苜蓿草块和草颗粒，猫尾草用于制作干草捆。加拿大以压缩猫尾草为基础的干草业已经成为一个巨大的行业，大部分加拿大压缩干草销往日本、韩国、美国等太平洋周边国家。

（四）青贮饲料生产

青贮用的牧草及饲料作物主要有大麦、秋黑麦、猫尾草、苜蓿等，并与沙生冰草混播，在加拿大东部气温较高的地区有青贮玉米、草等。青贮的形式有：直立型青贮塔、槽式、壕式、袋贮、堆贮等。青贮时牧草水分在55%~60%左右。

（五）草地保护和管理

加拿大非常重视草场的可持续利用。采取的措施是：一是重视草地健康评估。萨斯卡彻温省委托萨斯卡彻温大学用了10年时间制定了草地健康评价体系。二是实施围栏放牧核定载畜量。为了防止过度畜牧而导致草场退化，规定天然草场放牧强度不得超过产草量的50%~60%，人工草场放牧强度不得超过产草量的80%。对于人工放牧草场，加拿大采取混播耐旱耐寒、返青早、枯黄期短的多年生禾本科牧草。如冰草可以延长天然草场放牧时间，放牧时间由建设前的3～4个月延长到6个月，从而减轻了冷季饲草短缺的压力。人工打草场和饲料地生产的青干草、青贮饲料可充分满足牲畜冷季补饲之用，达到冷季持续增膘。特别是对退化的天然草场，他们选择当地的优良野生牧草及其混播组合，进行补播改良，有效地恢复了草原植被。

五、加拿大的畜牧业管理

1. 国家主要通过法律、法规来保护畜牧业，并且有相应的机构负责实施。

2. 执行严格的生产管理制度。加拿大已经建立起了较完备的畜牧业生产管理制度。

3.加拿大政府对畜牧业在产业政策、产品配额、市场价格、质量保证等方面实行宏观调控。具体业务管理通过由生产者共同联合组成协会来协调管理。协会的主要职能有：为生产者传递市场信息，协助政府决定产品配额、价格动态报告、争取外贸出口、抓产品质量安全等。

4.强化管理，培养高技能农畜业生产从业人员，是加拿大畜牧业高效发展的重要保证。加拿大农牧场一般由 1~2 人经营，既是牧场主又是生产劳动者。他们多数受过农业学校教育或相应专业培训，业务管理能力很强，在饲草生产、家畜饲养管理、动物疫病防治等方面都具备很高的技能。

5.重视农业科学研究，加强对农业科研的投入。加拿大有世界上最好的农牧业大学和科研机构，并且其科研机构有互相密切配合的网络，它包括联邦农业部、各省农业厅、农业大专院校和工业企业。农业部下属的科研局是部里最大和最重要的机构。

六、加拿大的畜牧业保险

加拿大是一个畜牧业保险较为发达的国家。加拿大的畜牧业保险已从承保畜牧业自然风险中的可保风险阶段步入了可承保因农产品供求关系和市场价格变化、汇率变化等导致的农业经营风险，保障农民远期收入的系统畜牧业保险运作阶段。加拿大畜牧业保险的覆盖面较广，保险产品和服务也呈现出多样化和差异化特点。

在加拿大有大型奶场70多个，是加拿大畜牧业保险主要的承保对象。保险公司为牲畜自身、奶业生产、奶场建筑物、奶场机器设备以及奶场主的收入损失各方面都设计了不同的保险种类。在牲畜自身方面，如果牲畜被捕捉，受到物理性伤害，被偶然扼杀、窒息或动物生育等，都可以投保相关的险种；因药物、新的添加物以及去除死牲畜引起的一些异常情形，也可以被保险覆盖；除了牲畜本身，它的冷冻精液和胚胎等也都可以投保。在奶业生产方面，牛奶因电力中断或故障引起的变质、受抑制剂污染等都可以得到相应的保障。在建筑物方面，如果牛奶场的建筑物被雪压坍塌或毁损，保险可以补偿建筑物的重置成本。保险还可以补偿法律法规所规定的建筑物改扩建成本。关于农场机器，自有机器的重置成本，对非自有机器造成的损害，自有机器使用中的损耗等，都属于保险范围。对于农场收入的损失，保险可以补偿遭受损失后继续恢复生产经营的费用和相关额外费用。保险公司还可以提供责任保险，对于加拿大的公司或家庭农场，可保的公共法律责任包括环境污染，对非自有牛奶的抑制剂污染等。

在加拿大，保险公司对养猪场、家禽养殖业也提供类似相当完备的保险。在提供保险的同时，加拿大的保险公司还提供一系列防灾减损服务，主要包括保险公司人员到现场进行勘察，对农场情况进行经常性的记录和反思，及时研究为业主提出防火、灭火方案，提供减少偷盗的方案等。

加拿大的保险公司还对牲畜的死亡提供了全面的保障。对于奶牛和肉牛，其所有的风险死亡、被偷盗、牲畜的死亡率和自动孳生以及奶牛的跨国运输和检疫期的再测试都可以投保。牛的胚胎转移、冰冻的胚胎和精液的转移，包括公牛的不育也在可保范围内。对于比赛用马，除了对其死亡、偷盗、死亡率和孳生提供保障外，还对其进行外科手术和主要医疗进行保险，种马的不育以及母马的不孕也在可保范围。在加拿大还有娱乐表演用马，对于这种马，保险公司除了提供死亡、偷盗、死亡率和自动孳生的保险，还对其装备的更新、外科手术和主要的医疗以及种马的不育提供保险。

第五章 拉丁美洲畜牧业

第一节 巴西畜牧业

巴西位于南美洲东南部。北邻法属圭亚那、苏里南、圭亚那、委内瑞拉和哥伦比亚，西邻秘鲁、玻利维亚，南接巴拉圭、阿根廷和乌拉圭，东濒大西洋。巴西国土面积851万平方公里，仅次于俄罗斯、加拿大、中国和美国，为世界第五大国家，也是拉丁美洲面积最大的国家。全境地形分为亚马逊平原、巴拉圭盆地、巴西高原和圭亚那高原，其中亚马逊平原约占全国面积的1/3。巴西人口为1.18亿（2004年），占世界人口的2.8%，居拉美首位。其中，城市人口占81.25%，农村人口占18.75%。全国可耕地面积达2.6亿公顷，人均可耕地面积2公顷。天然森林面积巨大，森林覆盖率占国土面积的52.2%，居世界第四位。国土80%位于热带地区，最南端地区属亚热带气候。由于地处热带和亚热带，大部分地区年均降雨量在2000~3000毫米，但是东北部地区雨量很少，十年九旱。巴西的雨季是9~12月，3~8月为旱季。北部亚马逊平原属赤道气候，年平均气温27~29℃。中部高原属热带草原气候，分旱、雨季。南部地区平均气温16~19℃。

巴西经济实力居拉美首位，在世界经济中居前十位之列。服务业、工业、农牧业为国民经济的支柱产业。1967~1974年，巴西国民生产总值连续8年平均以10.1%的速度递增，创造了“巴西奇迹”。从 1980 年至 1992 年，在巴西工业增长缓慢，国内生产总值增长近乎停滞的情况下，巴西农业部门的产值却增长了 38%，超出了同期 26%的人口增长率。农产品出口在巴西出口中具有重要作用。大豆出口已成为巴西传统出口项目，通常位居世界前三名之列。近年来，由于巴西政府积极开发和推广使用新技术，巴西畜牧业发展较快。根据巴西地理统计局 1997 年全国普查的数字，巴西全国畜群总数(牛、羊、猪)2.13 亿头、禽类总数 7.60 亿头。巴西的牧场面积相当于耕地面积的 3 倍，广阔无垠的牧场是发展畜牧业的良好条件。巴西的养禽业近年来发展很快。在肉类出口方面，巴西的禽肉和猪肉产量都占拉美国家的首位。肉类出口每年为国家创汇约 8 亿美元，其中尤以禽肉的出口增长较快。

一、巴西主要畜牧业部门

(一)养牛业

巴西近年来养牛业迅猛发展，2004 年存栏数达到 2 亿头，养牛的头数占世界第二位，牛肉生产量居世界第四位，牛肉出口量激增，其出口量居世界第五位。巴西养牛业以放牧为主，集约化的奶牛场集中在大城市附近，但奶产品仍需大量进口。在南美洲，巴西是奶制品最大的进口国，每年需耗费外汇 1 亿多美元。

巴西为此也付出了环境代价，喂养的牛已经使得亚马逊雨林遭到了严重的破坏。在亚马逊流域，当地饲养的牛从 1990 年的 2600 万头已经猛增至 2002 年的 5700 万头。大多数的牛现在吃草的地方以前都曾经是雨林。亚马逊雨林毁损面积从 1990 年的 4150 万公顷上升到了 2000 年的 5870 万公顷。在短短 10 年间，毁掉的雨林面积竟相当于两个葡萄牙的面积。这些地方现在都成了放牧的草场。

(二)养羊业

巴西是世界第 8 大养羊国，2004 年存栏数为 2500 万只，其中山羊1000万只，绵羊1500万只（巴西地理统计局公布数据）。养殖山羊和绵羊正在东北部半干旱地区蓬勃发展，1998~2002年间，每年生产羊肉1.7~2.1万吨。除了东北部地区外，圣保罗、米那斯、南马托格罗索、戈亚斯、南大河州等也是巴西羊重要养殖地区。

（三）养猪业

2004年存栏数达到3300万头，猪的头数名列世界第3位。2001年巴西猪肉出口值达到3亿美元。

（四）家禽业

2004年，巴西蛋鸡存栏量达到1.8亿只（巴西地理统计局公布数据），蛋鸡主要产区在巴西东南部地区，占总产量的36.90%，其中圣保罗州占21.89%。2004年巴西的雏鸡存栏量达到7.6亿只，肉鸡的主要产地在南部地区，占总产量的50.23%。2001年巴西鸡肉出口值达到13亿美元。

二、巴西的饲料业

巴西现为世界第三大饲料生产国，占全球总产量的7%强。2004年巴西的饲料产量创新记录，突破4500万吨左右，这主要归因于其主要食品企业的效益显著增长。一些巴西领先的家禽、猪类一体化企业根据承包的养殖户的订单生产饲料，同时向全球出口优质肉类产品。

巴西的大型饲料生产公司注重饲料质量。根据国际GMP标准（《药品生产质量管理规范》），在饲料厂实行了原料追溯标准。饲料生产商不断接受客户的监督——主要来自欧盟——而且这种监督被视为一种改善和调整系统以满足客户需要的重要工具。玉米和大豆等原料由全国市场提供，也达到GMP标准以保证质量。巴西一些大型饲料公司的饲料产品完全根据客户需求而生产。就像植物性禽用日粮一样，出口到欧洲和日本市场的产品或出口到阿拉伯国家市场的植物性日粮中，未加任何生长促进剂，且猪用日粮禁用欧洲市场不允许添加的药物添加剂。巴西还从动物生产、加工到销售、批发等方面保证饲料的高质量。

第二节 阿根廷畜牧业

阿根廷位于南美洲东南部。东濒大西洋，南与南极洲隔海相望，西同智利接壤，北接玻利维亚、巴拉圭，东北部与巴西和乌拉圭为邻。国土面积 278 万平方公里，为拉美第二大国，仅次于巴西。森林面积占全国总面积的 1／3 左右。地势由西向东逐渐低平。西部是以绵延起伏、巍峨壮丽的安第斯山为主体的山地，约占全国面积的 30%。东部和中部的潘帕斯草原是著名的农牧区，广阔的潘帕斯地区从布宜诺斯艾利斯呈扇形展开，其气候与美国大西洋沿岸中部诸州相似，其年降水量从 50 厘米（西部）至 100 厘米（东部）不等。北部主要是格兰查科平原，多沼泽、森林。南部是巴塔哥尼亚高原，主要山脉有奥霍斯·德萨拉多山、梅希卡纳山，海拔 6964 米的阿空加瓜山为南美洲万峰之冠。巴拉那河全长 4700 公里，为南美第二大河。主要湖泊有奇基塔湖、阿根廷湖和别德马湖。北部属热带气候，中部属亚热带气候，南部为温带气候。年平均气温北部 24℃，南部 5.5℃。阿根廷人口为 3700 万（2000 年），其中，城市人口占 85%，农村人口占 15%。

阿根廷物产富饶，气候适宜，土地肥沃，是综合国力较强的拉美国家。工业门类较齐全，主要有钢铁、电力、汽车、石油、化工、纺织、机械、食品等。工业产值占国内生产总值的 1／3。食品加工业较先进，主要有肉类加工、乳制品、粮食加工、水果加工和酿酒等行业。国土面积的 55%是牧场，农牧业发达。畜牧业占农牧业总产值的 40%。全国牲畜的 80%集中在潘帕斯大草原。阿根廷是世界粮食和肉类重要生产国和出口国，素有“粮仓肉库”之称。主要种植小麦、玉米、大豆、高粱和葵花籽等。

一、阿根廷主要畜牧业部门

（一）养牛业

1999年，阿根廷牛存栏4905.67万头，屠宰量1241.14万头，牛肉产量265.2万吨，出口33.8万吨，出口收入为6.5亿美元。2000年牛存栏4867万头，屠宰量1222万头，牛肉年消费量235万吨，出口33万吨。阿根廷牛肉的最大出口对象是欧盟，其后是埃及、保加利亚和巴西。2003年阿根廷人均牛肉消费量达60千克，与1990年相比却下降了27%，当时人均牛肉消费量为81千克。国内牛肉消费量呈下降趋势的主要原因是，随着时代的发展，人们的生活和食品结构发生变化，对牛羊肉等红肉类的消费减少，而对鸡肉的消费上升。加之受经济危机的影响，人们的收入和购买力减弱。

（二）养羊业

1999年阿根廷羊存栏1710.53万头，年屠宰量47.3万头，产羊毛6.5万吨。1999年阿根廷牛羊及其肉类出口收入达19.34亿美元。2000年羊存栏1356万头，年屠宰量72万头，羊肉出口1.4千吨，产羊毛3.9万吨。2000年阿根廷牛羊及其肉类出口收入达18.8亿美元。阿根廷也是世界上主要羊毛出口国。

（三）家禽业

阿根廷2005年新鲜和加工禽肉产品出口量总计75819吨，比2003年的42845吨的出口量增加了76%，出口价值9900万美元的，是过去10年中禽肉出口值最高的一年，比2004年的5500万美元的收入增加了81%。阿根廷新鲜禽肉主要出口到中国、俄罗斯、南非和沙特阿拉伯，阿根廷的加工禽肉主要出口到德国和荷兰。

二、阿根廷乳制品业概况

乳制品是阿根廷主要的畜牧业产品之一。近年来，由于在生产和加工领域进行了一系列的技术革新，阿根廷乳制品业取得了长足的发展，质量和生产效率大大提高，产品在国际市场上具备了一定的竞争力。1978 年阿根廷仅有 4 万家奶牛场，年产 50 亿升牛奶。如今，在阿根廷 16 万家奶牛场饲养着 230 万头牛，2002 年的牛奶产量达 83 亿升，每头牛的年产奶量为 3878 千克。2001 年阿根廷生产全脂奶粉 19.7 万吨，脱脂奶粉 3.8 万吨，黄油 50 万吨，奶酪 42 万吨。阿根廷人均消费液态奶 65 千克 / 年。阿根廷是世界主要奶生产国家。

(一)牛奶生产

适宜的气候、优良的牧场、合理的奶牛养殖方法、设备的不断更新和新技术的应用，使得阿根廷的牛奶生产在保证国内市场供应的同时，还大量销往国外。阿根廷潘帕斯草原的自然条件非常适宜奶牛的生长。奶牛主要依靠天然放养，产奶品质高，并得到国际认可。但也因为受到气候环境的制约，阿根廷牛奶产量每年都有一些浮动。

阿根廷奶牛养殖卫生保健条件较好，大部分养殖场已经杜绝了结核菌的感染。阿根廷还被国际兽疫组织宣布为无疯牛病国家。

20 世纪 90 年代以来，阿根廷的牛奶产量不断提高。1995 年为 85 亿升，1999 年达到了 103 亿升，年增幅达到 3.95%。但由于受到 1998 年以来持续的经济衰退和 2001 年年底爆发的严重经济、社会、政治危机的影响，阿根廷牛奶的产量从 2000 年起开始下滑，2000 年产量为 98 亿升，2001 年为 95 亿升。

阿根廷原奶生产主要集中在圣菲省、科尔多瓦省和布宜诺斯艾利斯省，其次是恩得莱利奥斯省和拉潘帕省。另外，在北部省份也分散着一些牧场。目前,阿根廷有15家规模比较大的牛奶加工厂,这15家工厂的产量占全国牛奶产量的60%~65%。

(二)牛奶加工业

近年来,阿根廷牛奶加工业进行了大规模的企业结构重组,将先进技术引入生产流程。从1993年到1998年间,阿根廷向乳制品行业投资13亿比索,占食品工业投资总量的14%。其中,50%的资金用于工厂建设、改造以及引进技术,35%用于合资办厂,其余15%用于一般采购。大量的投资为乳制品加工业注入了活力,仅奶粉的生产加工能力就在短时间内翻了一番。

阿根廷乳制品工业部门中有10家企业获得ISO9002认证(《质量体系、生产安装和服务的质量保证模式》),6家企业获得ISO9001认证(《质量体系、设计、开发、生产、安装和服务的质量保证模式》)。另外还有一大批企业使用HACCP(食品安全管理,即危害分析和关键控制点)生产线系统,并已得到了国际卫生部门的认可。

阿根廷乳制品企业在生产加工过程中都实施了比较完备的环保措施,以最大限度地降低对周围环境的破坏程度。几乎所有的生产企业都建有液体排放物处理系统(如生物稳固池、固态和半固态废物处理以及废气处理系统)。除大力提倡生产加工环节的环保措施以外,阿根廷生产企业对废弃物的回收利用程度也比较高。

(三)牛奶品质管理

阿根廷乳制品符合国际最高质量标准,其优越的品质得到国际机构的公认。

阿根廷国家农业食品质量和卫生检验检疫局在全国推行的"食品残渣与卫生控制计划",有效地控制了乳制品的质量。牛奶生产企业一般都采取严格的控制措施,对生奶进行一系列的抗菌残留物和其他药品残留量、污染物、含水量以及其他可感物含量分析,以保证生奶品质的纯正与可靠。阿根廷出口乳制品的质量都有严格复杂的监测体系，符合主要进口国家与地区的卫生标准。此外,生产企业还严格按照国家标准对产品质量实行监控。

（四）乳制品出口情况

在发达国家对其农产品出口大力实行补贴的背景下，阿根廷乳制品出口却得到长足发展。20世纪90年代以来,阿根廷乳制品出口增长了4倍。但同一些与阿根廷乳制品产量大致相同的发达国家(如澳大利亚和新西兰)相比,阿根廷乳制品出口在国际市场所占份额仍然较低(3.5%)。由于拉美地区乳制品消费持续增长的趋势,阿根廷产品出口前景仍比较乐观。尤其是阿根廷邻国巴西拥有1.7亿人口,每年的牛奶生产缺口达25亿升,是阿根廷牛奶主要进口国之一。全脂奶粉是阿根廷最主要的出口产品之一,占据国际市场10%的份额,是全球第五大奶粉出口国。

三、阿根廷的畜牧业管理

由于确立了发展出口外向型农牧业的战略方针，阿根廷政府在增加出口的同时,积极开拓农产品的深加工,减少初级产品的出口数量。为促进出口,政府逐步完善和改进出口办法,简化手续,鼓励开发新的出口市场,争取市场多元化。

阿根廷还有一整套种牛繁育管理系统。在阿根廷,养牛场主要分两类:一类是商品场,另一类是种畜繁育场。繁育场繁殖犊牛提供给商品场,商品场接受犊牛育肥。

（一）后备公牛中的选择

种牛繁育采用人工授精和胚胎移植的方法。每个品种的牛都有育种协会,备有各种档案记录,良种场的每头公、母牛都有档案卡,并标有相应的牛号。根据档案记录选择出生后的优良犊牛进行后备、培养。培育过程中测量的指标有:初生重、断奶重、周岁重、产犊间隔(间隔短、生产力强)、睾丸大小。小公牛周岁时上述指标都测好，排队淘汰1/6，到两岁时再淘汰1/6，最终保留2/3。两周岁的后备公牛经检测达标后，打上耳号，可作为种公牛出售，每头种公牛一般售价为3000~5000美元，在地区域全国性的赛牛会上决出的后备公牛冠军售价高达100万美元。

（二）后备母牛的选育

选育后备母牛时，测量的指标与后备公牛大体相似，首先测量犊牛初生重、断奶重和周年重，其次看乳腺的发育和母亲的体格。后备母牛选择淘汰率50%，两岁时测定合格，便可作为后备母牛出售，进入繁殖场。

（三）繁育管理

繁育场肉牛配种选在春季二三月份，采用自然交配的方法，后备公牛2~3岁便可使用。3%~4%的公牛入群，入群的公牛必须是同一品种，夏末进行妊娠检查，未受孕的进入商品场育肥。为了提高受配率，要淘汰未受配、有繁殖缺陷的母牛、公牛和有病的母牛。同时为了提高犊牛成活率，犊牛出生后注射防寄生虫病的药物，使犊牛安全度过3月龄，这样犊牛的死亡率在3%以下。犊牛出生6~8个月后断奶移场放牧，为来年春季配种作准备。为了实现这样的管理体系，放牧区内严格区分犊牛放牧场、带犊母牛放牧场、公牛和孕牛放牧场等。

第六章　大洋洲畜牧业

第一节　澳大利亚畜牧业

澳大利亚位于南半球，是世界上城市化水平最高的国家之一。澳大利亚大陆是地球上最大的岛屿，也是地球上最平坦的陆地。澳洲大陆的最高点科西斯科山仅有2228米，其地形的特点是古老而又平坦。因此，乌云吹过时不会受到高山的阻拦，导致全国大部分地区缺少充足的降雨，除南极外，澳大利亚是降雨量最少的大陆。澳大利亚地处热带和亚热带，北部为热带，南部为亚热带。四周环海，气候温和，夏长冬短，年平均温度17℃。澳大利亚国土面积768万平方公里，是仅次于俄罗斯、加拿大、中国、美国和巴西的世界上第六个陆地面积最大的国家。它的联邦由六个州和两个行政区组成。内陆的边界大部分是沿着经纬线划定。现有人口大约1800万，80%集中在东部沿海地区的主要城市。根据气候条件分5个区域：北海岸地区以饲养肉牛和生产热带水果为主；西北地区以牧业和农业为主；中部地区以放牧澳美羊为主；南部地区为粮食主产区，以农业和牧业为主；东部地区是农牧业最发达的地区，以产羊毛为主。

一、澳大利亚畜牧业的历史

历史记载的澳洲农牧业是从第一批英国人登陆后开始的。1788年11月26日，英国人从海上在悉尼上岸。从那时起，经过两百年的创业与发展后，今天的澳大利亚在各个方面已进入世界发达国家行列,但他们仍称自己是一个农业民族。

第一批英国人抵澳后，在现在的悉尼植物园种了3.3平方公里小麦,但从英国带来的种子在旅途中部分遭到了象鼻虫的破坏,未被破坏的小麦种下去又惨遭老鼠、蚂蚁的毁坏,加上澳洲的气候不同于英国以及这批人基本没有农事经历,第一个种植年失败了。到了第二个种植年(1790年),人们已濒临饥饿边缘,幸亏英国的补给船及时到达才解决了吃饭问题。从第二个种植年起,农业开始有了收获,从此澳大利亚的农业在人们与干旱、洪灾等自然灾害的斗争中发展起来。

澳大利亚的畜牧业是从1820年开始的,当时牧羊比种植农作物更有利可图。到1830年以后,有的人已发展为牧羊主,他们把好地圈起来,不断壮大规模。从1830年到1850年期间,随着农业的发展,出现了农产品上市的运输问题。由于运输不畅,农产品积压,农业不但没有发展,反而退步了,种地者沦为最贫穷的人。

1851年,澳大利亚发现了金矿,于是人们放弃种地而去淘金。由于这一淘金热,外国人大量涌入,使得人口快速上升:1840年人口19万,1850年为40万,到1860年快速上升到100万。后来淘金困难了,人们要求政府把公有土地分给大家种植,但好地在政府的同意下仍被牧羊主圈着。通过斗争,政府以立法的形式将圈起来的土地开放。在此过程中,由于利益关系,政府官员把好地分散到亲戚朋友手中。与此同时,政府官员也出现滥用权力等腐败现象,而一般农业生产收入微薄,农民甚至负债,最后不得不把土地卖给有钱人。在19世纪的最后20年中,大多数农民只好进城做工,即使是牧羊主，有的因还债只好把土地卖给更大的牧羊主或银行金融者手中。

澳大利亚农业的真正发展是在20世纪，特别是在第二次世界大战期间。由于粮食短缺,成立了妇女土地军,尤其是在1941~1947

年期间,利用意大利战俘作劳动力,使得农业有了较大的发展。进入 50 年代以后,借助机械化、规模化经营,农场数量减少了(面积太小不利于机械化作业),但经济效益大幅度提高。到 60 年代以后,由于出口需求量增加使农业生产达到高峰。进入 70 年代,国际市场的竞争使得澳大利亚农产品出口又有所下降。过去澳大利亚的农业市场主要在欧洲,现在已转向亚洲,主要考虑运输成本的降低。从农业在国民总产值(GDP)的比重看,20世纪 60 年代为 12%,到 1997 年仅占 3.4%。但从农业自身纵向比较,绝对产值在不断增加,只是其他行业较农业发展更快,所占的比重更大了。

二、澳大利亚畜牧业发展现状

畜牧业是澳大利亚农业中历史最长、地位最重要的经济部门。全国土地面积的 55%用于畜牧业,其产值约占农牧业总产值的 60%;畜产品出口值占全国出口总值的 1/3。其经营特点主要是实行牛羊分区放牧以及经营专业化。由于该大陆无野生食肉动物,因而牛羊可采用一年四季露天围栏放牧。

政府一直将畜牧业经济的可持续发展放在重要位置上。草场分国有、私有两种所有制形式。国有草场大多贫瘠,政府以较低的费用租赁给牧业生产者,租赁期较长,一般为 99 年,以避免经营者掠夺式利用草场。澳政府对畜牧业的保护手段之一就是加强草原建设,合理载畜,防止荒漠化。澳大利亚各州每年都组织盛大的植树节、种草节,工人、农民、学生、职员、官员都自愿积极参与。

在畜牧业中,养羊业是最突出的部门。澳大利亚具有发展养羊业的有利条件:地势平坦,草原辽阔,地下水丰富,气候比较适宜等,同时还有多年培育出的生产性能高的细毛羊品种,加之养羊业比较节省劳力,所以,其养羊业一直在世界上居于领先地位。澳大利亚的绵羊约有 3/4 的是美利奴细毛羊,它是经过长期选种培育成的世界上最优良的毛用羊之一。其毛质细长,可达7~13厘米,皱折均匀、光泽良好、质地柔韧,单畜产毛量约高出世界平均水平的70%。澳大利亚的美利奴细毛羊占世界总产量的1/2以上。其次还有其他品种的细毛羊(考利代、波尔华斯)及肉用杂种羊等品种。由于国际市场羊毛价格的不稳定,直接影响到澳养羊业的发展。羊毛(净毛)年产量约44万吨,80%用于出口,是全球最大的羊毛生产国和出口国。近年来已开始由以毛用羊为主逐渐转向肉用和毛肉兼用。澳大利亚绵羊存栏1.2亿头,但还未恢复到1970年的水平(1.8亿头)。牛羊肉、奶制品等出口比重占到产量的50%~70%。

澳大利亚养羊业以放牧为主,经营粗放。天然草场是饲草的主要来源,只有在沿海、沿河一带才有局部地区种植牧草,实行集约经营。全国的牧场载畜量很低,平均大约1.33公顷才有一只羊。由此可见,澳养羊业仍具有极大的潜力。

养羊业也存在一些不利因素,主要是不时发生旱灾,野犬对羊只的危害,鼠、兔对草地的破坏以及经营的粗放,再加上国际市场价格涨落不定等,使其养羊业发展很不稳定。因此,近几十年来,澳的传统养羊区中的一些农牧场,越来越倾向于养羊业和小麦种植的混合经营。

养牛业是澳畜牧业中仅次于养羊业的主要部门之一，牛存栏数为2600万头,其中肉牛2340万头、奶牛280万头。养牛业与气候有密切的关系，牛的分布主要集中在热带草原、热带雨林气候区,其次为温带季风和地中海气候区。一般说来,粗放经营的肉牛大多集中在昆士兰州(占2/5)、澳北和西澳大利亚的北部;而奶牛分布在东南部、东部和西南部的沿海及大城市的郊区。近些年来,随着国际市场牛肉价格的提高,澳肉牛业发展较为迅速。1996年度牛肉总产量为180万吨,60%的牛肉出口海外,是世界上主要产牛肉国之一。奶牛业集约化程度较高,年产牛奶650多万吨,乳制品的出口居世界前列。

三、澳大利亚的畜牧业管理

(一)引进欧洲、地中海牧草品种,人工种植牧草

澳大利亚有农场18万个,占全部国土面积的2/3。这些土地可分为:半干旱内陆及北部季风牧场带,这一区域占3/4的农牧区主要是本地牧草,产量低、质量次、载畜量少,仅养活家畜总数的1/4;亚湿润东南小麦带,此区农作物与牧草轮作,80%以上区域是牧场,出栏率高;东南部分降雨区,以牧场为主,种植牧草,特别是南方,出栏率最高。

在20世纪40年代以前,牧草以本地种为主,以后高速引进优良草种,扩大种植面积,为现在的畜牧业发展打下了良好基础,仅占农牧区1/4的种植及改良牧草养活着3/4的家畜。到80年代,种植牧草达到3000万公顷,亦仅占全部牧场的6%,但这部分牧场的养畜量比原先本地牧草时增加了4倍。

澳大利亚主要种植燕麦,面积约100万平方公里,可收割青干草370万吨,主要用于枯草季节补饲。此外每年谷类作物收割作干草,年产量约为70万吨。在无饲料作物种植区,种植饲料高粱、蔬菜及羽扁豆,在部分地区也种植萝卜,用于冬天补饲。

在澳大利亚,干旱季节是7~8月份的冬天,此季节必须补饲,否则将严重影响湿季生产性能的发挥。如在湿季,牛平均每天增重达1千克,而干旱季节体重下降比较明显。在怀孕后期及泌乳期,体重下降达50~80千克,这反过来影响湿季的怀孕率。因此目前在澳大利亚,干旱季节补饲已很普遍。

(二)重视灌溉与施肥

在夏季少雨季节,即使是种植牧草,如不进行人工灌溉,牧草仍难正常生长。在澳大利亚,可灌溉的牧场面积约100万平方公

里，主要集中在东南地区，分布在新南威尔士及维多利亚省的北部。除灌溉外，施肥是提高牧草产量的另一有效措施。在农牧结合区，粮草轮作，肥料主要是过磷酸钙。牧草施行喷灌，每隔 3 至 4 年施 1 次化肥。小块牧草由人工培植，大面积牧草地用飞机播种、施肥。

（三）独特的放牧方式与规模化经营

独特的放牧方式与现代化建设的有机结合，是澳大利亚养羊业的一个显著特点。在澳大利亚，牧场连着牧场，间有少许农田和葡萄园，牧场上生长着或多或少的树，一般树干直径几十厘米。这些树为草地上的牛羊提供了遮荫场所。牧草一年四季常青，草地就是牛羊的家，牛羊生下来直到出栏卖掉，无论白天黑夜，还是刮风下雨，始终生活在草地上，极少有牛舍。澳洲大陆没有凶猛的狮子、虎豹，羊群白天晚上都在铁丝栅栏内自由活动，不需人看管。必要时靠牧羊人培训的牧羊犬赶羊。羊群喝的水来自自流井。牛羊自然交配，不搞人工配种；牛羊自己产犊（羔），不用人工辅助。发病率很低。每到防疫、打耳号季节，畜主将牛、羊分群赶到管理中心（管理中心由铁栏杆围起来的固定场所），逐头打针、打耳号、打追踪识别电子卡。

澳大利亚畜牧业早已形成产业化运行格局。所有畜牧场都具一定规模，饲养头数较多。全澳大利亚有 6.7 万个牧场，一般占地数百公顷至数千公顷，大型的数万公顷甚至几十万公顷，主要饲养牛和羊。一般小型场饲养肉牛几百头，养羊几千只；中型场养牛几千头，养羊几万只；大型场养牛几万头，养羊几十万只。全澳大利亚最大的畜牧场达 40 万公顷，养羊 4.3 万只。澳大利亚畜牧业机械化程度很高。一般小型场饲养 100～200 头奶牛，几千只羊，几百头肉牛，只需 1～2 人经营；一年出栏肉鸡 60 万只的鸡场，仅由两个人管理；年出栏肉牛 25,000～30,000 头的肉牛育肥场只有 14 个人；饲养澳美羊 5000 只的羊场，仅 1 个人管理。这主要得益于生产工序基本上实现了机械化和现代化：机械榨乳、机械剪毛、大型遗料车(自动搅拌)、大型铲料斗、大型运畜车是牧场的必备设施。猪场、鸡场喂料饮水全部自动控制。农场(主要种植饲料)的机械化程度也很高。

(四)完善的市场流通与社会化服务体系

澳大利亚有完善的畜牧业服务体系。澳大利亚是一个经济发达国家,其交通、通讯等设施完善,科学技术比较先进,所以为服务社会化提供了极为有利的条件。澳大利亚政府对畜牧业经济只进行宏观调控,但其隶属农业机构,如各类实验站、研究站则对农民进行技术咨询服务和技术推广工作。从事技术推广服务的人员队伍素质很高,大部分都受过高等教育,每个人都能驾车到农户为其服务。除此之外,企业、商业、流通环节等都能主动为农户服务,服务的形式和方法灵活多样,真正实现了对畜牧业生产各个环节的全方位服务。牧场主如需药物、草籽、机械等生产资料,只要打一个电话,有关厂家或销售商就会送到。全国有 1.5 万人的流动剪毛工,打个电话剪毛工就来剪毛,剪毛由专门定级工人按粗细、长短、软硬、光泽度分级分类,每包印上等级、重量,交澳大利亚羊毛局统一组织出口。出售牛、羊,同样也是只要打个电话,肉类加工厂在 2 小时内就会赶来收购。种羊交给种羊公司,只要打电话即有人到现场服务,买卖均可。

畜产品生产者直接参与流通。澳大利亚有各类生产者合作组织,由牧场主按行业组成,拥有自己的仓储设施和销售渠道,负责该行业产品的收购、统一定价、仓储、加工、运输、销售等。牧场主则以会员身份向合作组织交售产品,会员实现“利益均沾,风险共担”。澳政府法规规定,生产者合作组织不受反垄断法的限制,以保护农牧业生产者的利益。

(五)充分发挥自然资源优势,低投入、中产出

澳大利亚草原面积大,占国土面积的 60%左右,居世界第一

位。澳大利亚畜牧业基本上属草原畜牧业。牛、羊全年放牧，草地上无棚无舍无圈，只有围栏。在饲养条件和饲料上不搞高标准高投入，草食家畜以放牧为主，生产性能不追求高指标。羊平均剪毛量(污毛)4～5千克，牛日增重400～500克左右(放牧饲养)，猪日增重500～600克，奶牛平均单产4～5吨。由于低投入，澳大利亚畜产品价格比较低，所以在国际市场上有很强的竞争力。澳大利亚畜牧业在饲养方式上比较粗放，但在饲养管理上还是很科学的。

(六)畜禽良种化

澳大利亚牛羊品种优良，良种率几乎达100%。肉牛品种有：安格斯、海福特、西门塔尔、夏洛来、皮埃蒙特、婆罗门、利木赞、黑白花安格斯、短角牛、南德温、比利时兰白花、盖洛威等。肉羊品种有：褐身波尔山羊、杜泊绵羊、美利奴羊、萨福克羊、考力代羊、安格拉山羊、无角多赛特羊。奶牛品种有：荷斯坦牛、蒙贝利亚牛、娟珊牛。生产用的当家品种分别是：肉牛为安格斯、海福特等中小体型肉牛，羊为美利奴羊、萨福克羊、波尔山羊，奶牛为荷斯坦牛、娟珊牛。

澳大利亚畜牧育种意识很强，手段也很先进。他们既有引进的良种培育，也培育自己的混血品种。对这些优良品种，既重视生产性开发，以良种作为肉品竞争的利器，也把良种作为商品出口到世界各地。

(七)畜产品加工档次高、质量好

澳大利亚畜产品加工要求严格，质量很高。畜产品生产有严格的质量监控、安全检查措施，设备先进，自动化程度高。屠宰厂整套设备，包括牛观察隔离圈、车间通道平台、成品肉传送系统，都是不锈钢材料。设备材料优良，特别是在吊挂、剥皮、分割部位肉传送、物流配送、副产品加工等环节，生产工艺先进，生产自动化程度高。澳大利亚科伟公司还对分割部位肉传送编制了软件识别系统，员工将分割的各部位肉，如牛柳、眼肉、上脑、肩肉等，贴上鉴别标识，放在同一条传送带上，在传送过程中产品会按照标识自动分类，使相同部位肉进入同一条传送带，到达包装环节。这样做的好处是：省人工，靠电脑防止串装，避免把不同部位的肉装进同一个包装箱。他们的自动化是机械化和电脑控制技术的集成。每个屠宰厂，都有电脑控制中心，都有软件系统，高新技术在牛羊加工上的应用达到较高水平。生产过程从屠宰、去头、剥皮、开膛、去脏全部实现了机械化、电器化。在屠宰过程中每个部位、每个脏器全部用热水冲洗消毒，车间之间也有热水消毒槽，卫生管理严格，标准很高。澳大利亚以其绿色、无污染食品著称于世，这是其多年来不懈努力的结果。

（八）先进的科研服务

澳大利亚十分重视提高畜牧业的科研水平。羊群可在气候炎热、土地贫瘠和地下水高矿物、高盐碱的恶劣环境下生活，同时还能抗御疾病。绵羊品种为优质美利奴羊，为了保持品种优良，严格选择种羊，交叉交配，缩短世代间隔。通过遗传工程，科研人员培育了一种苜蓿草，羊吃了可以增加毛的产量。在羊毛处理方面，科研人员还制成了先进的羊毛长度和强度自动检验器和清洗机。前者使用光电管，装有电动延伸装置，内有传递器、喷气器和感应天平，每6秒钟就能测量一捆羊毛的长度和强度；后者不仅可以洗掉羊毛上的油脂污物，还可洗掉盐碱和矿物微粒。

澳大利亚的农牧业科研服务体系较为完整，服务内容包括了从良种繁殖、品种选育到疾病防治、检疫监测及其产品保鲜供应等方面。各级科研单位围绕提高农牧产品的产量和品质从事科学研究和转让技术成果，科研经费较为充足。科研单位的经费来源多样化，主要有政府拨款、企业服务费用、行业基金会资助以及技术成果转让等。一般牧场主还与科研单位建立了草场监测和良种草、畜改良等关系，定期对草场土质和草的品质进行化验，根据不同的变化采取相应措施。一些研究所还办有自己的农场。新州农业科研所的附属农场有1000公顷土地，饲养了230头种畜、200头肉牛、500头奶牛，还有一批绵羊。农场饲养的奶牛用电脑监控，每头奶牛脖子下挂一信号器。电脑测定每头奶牛所需营养，然后分别配料。每10头为一批，自动到食槽吃料，一批奶牛吃好了料，再换一批。

（九）政府政策引导和扶持

澳大利亚各级政府对农牧场的生产采取不干预的方针，由农场主自主确定生产计划，愿意生产多少就生产多少。政府农牧部门主要是通过发布信息加以引导。不少农牧场主到政府农牧部门信息中心，通过因特网进行信息交流。对农产品的销售价格，政府不统一规定，由市场调节。联邦政府鼓励农牧业生产和加工者通过零售环节和消费者获取市场信息，适时作出调整，不断提高农产品的质量与市场竞争力。

联邦政府近年来推出《变澳洲为亚洲的超级市场》规划，目标是向亚洲出口食品。其办法是在当地寻找市场调研与推销人员，按亚洲人口来生产、加工食品。这一规划的实施由总理总负责，初级产业与能源部、交通部、工业部、贸易部4位部长共同参与。按照规划的办法，澳已成功地将牛奶打入日本市场，将鹿肉打入韩国市场。同时，澳还推出了“质量保险”计划及立法，保证商品的食用安全、质量和声誉。如规定：凡标有“澳大利亚产品”的，必须为100%或几乎是100%的澳洲原材料制成的；凡标有“澳大利亚制造”的，构成其成本的绝大部分必须是来自澳的产品。

对农牧场主的帮助，政府农牧部门主要是在知识培训、基础设施建设、生产管理三个方面，重点帮助他们解决不利于生产的问题，不让其破产。联邦政府对项目所在地区给予资金扶持。各类生产者协会在协调各农牧场的生产、销售方面发挥了重要作用。联邦政府为农牧民举办管理与技术培训班，介绍推广拟定计划与理财、对付风险与灾难、寻求和适应新市场等方面的成功经验，提高农牧民的技能、知识与素质。这些培训大多不收费、少收费，或有政府补贴。

澳政府对畜牧业的保护主要是畜产品补贴，有两种形式：直接价格补贴和间接价格补贴。由于直接价格补贴易受到国际社会的指责，因此，澳政府对畜产品直接价格补贴率较低，一般为2%~6%，而间接价格补贴则较高，一般为4%~30%。后者可通过向消费者征税建立产业基金来补贴出口商，这样大大增加了澳畜产品的国际竞争力。

四、澳大利亚如何应对兽疫

澳大利亚是畜牧业大国，也是世界上牲畜保健工作做得最好的国家之一，迄今尚未发生疯牛病等牲畜传染病。虽然地理条件有利于澳大利亚免受动物传染病的影响，但更重要的是，澳大利亚有一套完整的动物健康维护体系，这一体系是该国动物健康状况良好的根本保障，也是兽疫防控最根本的机制。

澳大利亚政府于2002年成立了非赢利性的“动物健康澳大利亚公司”来实施全国的动物防疫战略和规划。该公司以兽疫防控为重点提出了未来10年内一系列促进澳大利亚畜牧业发展的战略，从而形成了澳大利亚的兽疫防控机制。

兽疫监测系统化。澳大利亚从20个世纪60年代起开始实行牲畜追踪体系，每头出栏的牲畜都要携带一种有8位数字的标签。标签将贯穿畜牧生产和流通的全过程，寄养场、饲养场和中间商都将对牲畜标签进行登记，向国家动物标识资料中心报告。国家再通过“全国动物健康信息系统”随时收集全国动物健康资料，并通过分析确定国家的兽疫监控能力。对于主要的动物传染病，澳大利亚有其专门的监测计划。以疯牛病为例，澳大利亚有“追踪疯牛病计划”和“疯牛病监测计划”。澳大利亚规定，对于从疯牛病国家进口的牛，养牛者只有两种选择：要么杀掉这些牛，接受政府的赔偿；要么对这些牛进行终身监测，业主要每年对每头牛的健康状况进行一次报告。在如此严格的系统化监测下，澳大利亚至今没有发现疯牛病病牛。

高水准的兽医培训。为保证兽医水平达到国际标准，澳大利亚实行了“兽医认证计划”，先通过考试选拔熟悉该国动物健康服务基本状况的人员，再对其进行培训，并让他们参加一些具体动物防疫计划的执行，最终培养出符合国际标准的兽医工作人员。此外，澳大利亚还实施了“全国兽疫应急培训计划”，向生产者、兽医、政府工作人员、救急行业人员等提供相关培训，并进行认证考试。计划的最终目的是使每个在疫情爆发时有应急反应责任的人，都能够各尽其职，使每个州都建立起一支经过认证的骨干兽疫应急队伍。

兽疫应急准备规范化。为应对动物疫情的突然爆发，澳大利亚制定了一套联邦、州和地区的三级应急计划，并包括疫情应急培训、兽医认证、紧急疫情报告热线等子计划。该计划由“动物健康澳大利亚公司”负责实施，该公司不断出版更新一系列技术应对手册，将疫情应急管理同各种政策、战略、实施、协调紧密结合起来。政府还同业界达成了“兽疫应急反应协定”，在疫情发生时先由政府和业界共同承担应急资金。这是一种在疫情发生时资金分配、培训和风险消除等方面进行磋商的机制，在世界上尚属首例。澳大利亚还制定了全国统一的动物防疫工作标准，以衡量动物健康服务工作的质量，测评各项计划的执行情况，也保证澳大利亚的畜产品达到国际贸易对牲畜健康的要求。

第二节 新西兰畜牧业

一、新西兰畜牧业概况

新西兰位于太平洋西南部，介于赤道和南极之间，由南岛、北岛及一些小岛组成。国土总面积27万平方公里，总人口约400万，海岸线长6900公里，全境多山，平原狭小，山地和丘陵占其总面积75%以上，属温带海洋性气候，四季温差不大，植物生长十分茂盛，森林覆盖率达29%，天然牧场或农场占国土面积的一半。新西兰是经济发达国家，以畜牧业为主，羊肉和奶制品出口量居世界第一位，羊毛出口量居世界第二位，粗羊毛产量占世界总产量的40%，畜牧业产品出口收入占出口总收入60%以上。政府历年来一直推行减少国家干预，发展市场经济，紧缩财政开支的政策。森林资源丰富，森林面积810万公顷，占国土面积26.8%。

工业以农牧产品加工为主，主要有奶制品、毛毯、食品、皮革、烟草、造纸和木材加工等轻工业，产品主要供出口。全国有牧羊场24,400个，奶牛场16,670个。养牛和养羊农场的规模越来越大，占总数的43%的大农场拥有66%的牲畜，而其余57%的农场只占有33%的牲畜。畜牧业以牛、羊为主，2002年牛屠宰量358万头，产量61万吨；山羊及绵羊屠宰数为3076万只，产量54万吨；年产肉类135万吨；奶产量1300万吨。

二、新西兰畜牧业发展史介绍

新西兰的畜牧业是在特殊的社会历史条件下发展起来的。早在18世纪末到19世纪初，新西兰沦为英国的殖民地，英国为了满足本国毛纺织工业对原料的需求，先后于1814年和1834年两次从澳大利亚向新西兰输入为数不多的美利奴羊作为试验，试图利用新西兰优越的自然条件和辽阔的草地资源发展养羊业，使新西兰变成英国发展毛纺织工业的原料供应基地。到19世纪40年代中期，英国殖民者在北岛东南沿海的怀拉拉帕地区建立了首批粗放养羊站，从此揭开了新西兰畜牧业发展历史的序幕。自此以后150多年来，由于新西兰特殊的社会历史条件、优越的自然环境、交通运输事业的发展和畜牧业生产的现代化，以及国家采取有利于畜牧业发展的政策等一系列有利因素，新西兰的畜牧业以惊人的速度迅猛地发展起来，畜群规模和畜牧业的分布范围不断扩大。

从19世纪50年代到70年代，新西兰的畜牧业（特别是养羊业）发展迅速。当时，由于引进繁殖了适应新西兰自然环境的英国长毛种羊，促进了畜牧业的发展。到1870年，新西兰已有羊970万只、牛70万头，畜牧业的分布范围也从怀拉拉帕地区逐渐向霍克湾、北岛南部沿海，以及南岛东部的坎特伯里平原扩展。

1882年以后，由于冷藏设备和远洋运输事业的发展，新西兰进一步扩大了对肉类、乳制品和羊毛等畜产品的出口，从而促进了畜牧业的蓬勃发展。在北岛北部森林和灌木覆盖地区，开始进行了烧荒和开垦，大面积的森林被砍伐，取而代之地建立起了畜牧场，畜群规模和畜牧业分布范围显著扩大。到1902年，新西兰羊数已达2023万只、牛136万头，畜牧业用地已占全国总面积的30%，畜牧业已遍及南岛东部地区和北岛适宜放牧的广大开阔地区，畜牧业尤其是养羊业已成为新西兰的重要经济部门。

1907年，新西兰脱离英国殖民统治，成为英联邦的自治领地，由于经济仍受英国资本控制，畜产品大量销售英联邦国家，并在英联邦国家内享有特惠权，这对新西兰畜牧业发展有很大的促进作用。尽管新西兰畜牧业也受到1929～1933年世界性经济危机和两次世界大战的影响，但新西兰没有遭受两次世界大战的破坏和重大的经济损失。所以，在这种特殊的社会历史条件下，新西兰的畜牧业仍作为主要经济部门得到了更大的发展。从1920年到1940年，羊数从2392万只增加到3106万只，20年间增长了30%；同期牛数从310万头增加到450万头，20年间增长了45%；畜牧业的分布范围也有了扩大，到1945年，畜牧业用地已占全国总面积的45%。

第二次世界大战以后，由于国际市场对畜产品需要量较战前迅速增加，再加上新西兰畜牧业生产机械化、电气化及生产集约化水平较战前已有了很大的提高，使得新西兰的畜牧业又有了新的发展。从1960年到1992年，新西兰羊数已从4713万只增加到5387万只，同期牛数从599万头增加到823万头。从畜牧业分布范围来看，战后已有明显扩大。由于农用航空事业的发展，利用飞机施肥、播种和化学除莠等，使新西兰以往许多未被开发利用的丘陵地区建立了畜牧场。另外，新西兰还大力开展技术革命，改良和培育优良牲畜品种，增强了牲畜对各种气候条件和牧场环境的适应性。

三、新西兰畜牧业主要部门

(一)养羊业

新西兰羊的总数近年来有所下降。2002年，绵羊和山羊的存栏数分别为4300万头和18.2万头。羊毛侧重以中细毛为主，占全国毛产量的70%，占世界总产量的40%。新西兰以品质优良的羔羊肉驰名于世，2002年羊肉及小羊肉的产量为53万吨，居新西兰各类肉产量的首位，是重要的外汇来源。新西兰每头羔羊的产肉量达到15千克，成年羊为20.5千克。2002年新西兰生绵羊皮和生山羊皮的产量为10万吨。新西兰制定有各个品种羊的育种标准，对种羊的登记十分严格。其中，最重要的品种是罗姆尼羊，大约占总头数的2/5，考力代绵羊以毛肉兼用而著名。

(二)养牛业

新西兰养牛的头数最多的年份是1974年,达到931万头。现在养牛的头数虽有下降,但是肉、奶产量均有上升。新西兰的肉牛生产受到世界市场的刺激,从过去奶牛为主转而成为重要的肉牛生产国。现在肉牛的数量大约比产奶的奶牛头数多一倍。新西兰肉牛的主要品种是安格斯牛,占总头数的75%,这种牛毛呈黑色,无角,耐粗饲,肌肉发达,胴体质量高,适合集约化经营。奶牛业在新西兰农业总产值中仍占首位,2002年共有奶畜375万头。2002年的产量,黄油40万吨,各种干酪31万吨,奶粉51万吨。90%的奶牛分布在北岛,主要也在人工草场上放牧。品种主要是乳脂率高的娟姗牛、黑白花牛和爱尔夏牛。

(三)养猪业

新西兰的养猪业受到精饲料生产的限制,一直处于次要的地位。养猪头数最高记录是在1964年,达到77万头,产肉4.7万吨。现在猪的头数已经有所减少。2002年,猪的存栏数为35万头。不过猪肉的产量仍然保持平稳,2002年,猪肉总产量为4.6万吨。

(四)养马业

据说,新西兰的纯种马是世界上最优良的品种之一。新西兰马在比赛中的获胜率达58%,并获得多项国际赛马奖。新西兰良种马的出口额超过了1亿新元。

(五)养鹿业

近年来新西兰养鹿业发展较快,已经达到106万只。产鹿肉1.4万吨,其中出口约9000吨,创汇9040万新元;鹿茸产量460吨,其中用于出口的鹿茸每年共计创汇4500万新元。

(六)养禽业

新西兰家禽业也有一定的发展,现有养禽场480个。2002年屠宰7112万只鸡,产肉12万吨,鸡蛋产量4.4万吨。

四、新西兰乳品业概况

新西兰的乳品业起始于1814年。当年,英国的移民将两头奶牛和一头公牛带进新西兰,以满足基本的生活需要。随着牲畜的不断繁衍,新西兰牧场的逐步扩大,带动了养牛与奶业的发展。到2002年,新西兰各类养奶牛的牧场大约有15000个,平均面积在90~100公顷左右(大约为1平方公里)。按照比较经济的饲养规模,每个牧场拥有的奶牛数量在230~300头之间,年生产大约70~80万升鲜奶。

新西兰的乳制品主要是为了出口,在世界市场上具有举足轻重的地位。新西兰是全球第二大乳制品出口国。目前只有5%的世界市场份额对新西兰乳制品是自由开放的,但2002年新西兰乳品仍占全球总量的31%(欧盟成员体占38%,澳大利亚占12%)。2002年3月的统计数字显示,新西兰奶制品的年出口额在62亿新元(大约36亿美元)上下,占全国出口贸易的20%以上。其中,全脂奶粉22亿新元、奶酪为15亿新元、脱脂牛奶13亿新元、黄油11亿新元,还有一些其他乳制品。从数量上看,新西兰每年约生产130亿升牛奶,只有不足4亿升供国内市场,其余都送到工厂加工供外销。新西兰各类乳制品的年产量约170万吨,其中160万吨出口。

五、新西兰畜牧业发展的特点

(一)畜牧业在农业中居主导地位,生产发展迅速

新西兰是世界上最重要的畜产品业国家之一,畜牧业占农业总产值的80%左右,从事畜牧业的人口约占农业人口的80%,是世界上按人口平均养羊、养牛最多的国家。因此,在整整一个世纪的发展史中,尚未有大的波动,基本上保持着增长的趋势。

（二）重视依靠科技进步，提高单产

新西兰的畜产品增长主要依靠单产的提高来增加效益。由于新西兰政府十分重视草地的经营和利用，大规模地改良天然草地和建立人工草场，全部牧场实行分区轮牧，提高了草地的生产力，从而使新西兰单位面积农业用地的畜产品产量有较大提高。如 1956 年，新西兰平均每一万平方米农业用地约产肉类 50 千克、奶类 397 千克、羊毛 17 千克。到 1990 年，平均每一万平方米农业用地已产肉类 77 千克、奶类 542 千克、羊毛 23 千克。新西兰平均每一万平方米农业用地羊毛产量居世界首位，肉类和奶类产量也处于领先地位。畜牧业仍以放牧为主，人工草场比较大，人工草场面积超过天然牧场一倍。政府十分重视天然草场的保护、改良和合理利用，严格限定载畜量。因此，新西兰的牧场规模比较小，经营方式比较集约化。新西兰依靠大规模人工培育的草场发展成为世界上的畜牧大国。

（三）劳动生产率高

由于新西兰畜牧业生产机械化、电气化的迅速发展，节约了大量的劳动力，从而使畜牧业劳动生产率大为提高。如 1956 年，新西兰平均每个农业劳动力生产肉类 4265 千克、奶类 39,432 千克、羊毛 1689 千克，到 1990 年，平均每个农业劳动力已产肉类 7152 千克、奶类 50,065 千克、羊毛 2146 千克。20 世纪 60 年代初，新西兰畜牧业劳动生产率就已高于丹麦、美国 4 倍，高于英国 5 倍。目前，在世界畜牧业生产水平较高的国家中仍居于前列。

（四）出口比率大，严重依赖国际市场

新西兰目前将近有 3/4 的牧场以经营某一产品为主，专业化水平高的结果是大大提高了劳动生产率。新西兰畜牧业由于国内市场狭小，畜产品出口率极高，羊毛生产的 80%～90%、乳制品生产的 80%、肉类生产的 70%都用于出口，畜产品严重依赖国际市场。因此，国际市场上的任何需求变化和价格波动都对新西兰畜牧业的盛衰和结构变化产生决定性的影响。早在19世纪40年代中期，新西兰的畜牧业就是根据英国毛纺织工业的需要而片面地发展起来的,这就使其自身的发展不得不与国际市场相适应。当时，世界毛纺织工业蓬勃发展,国际市场对羊毛需要量剧增,价格也不断上涨,刺激了新西兰养羊业的迅速发展。以毛用羊为主,羊毛生产处于压倒一切的地位,从出口值构成的比重来看,羊毛是最重要的出口商品。1905年,在肉类、羊毛和乳制品出口总值中,羊毛占55.2%,高居榜首。20世纪20年代以后,由于国际市场对乳制品需求的增加,加上当时新西兰人工草场的大规模建立,以及北岛具有很适合于奶牛饲养繁殖的气候条件等因素,使新西兰奶牛业的发展速度比羊和肉牛更为迅速。到1945年,新西兰奶牛已占全国总牛数的65%。从出口值来看,乳制品占畜出口总值的46%,居于首位。

(五)重视草原牧场建设与保护

在新西兰的历史上也曾因过度放牧而产生过严重的水土流失、草地退化等问题,但通过一段时间的治理,草场终于得到恢复。新西兰人逐步认识到,发展任何产业都不能以破坏生态为代价。此后,新西兰在发展本国畜牧业时严格遵从“草畜平衡”原则,即有多少草养多少家畜，尽量使草场的产草能力与家畜所需牧草总量保持一个平衡的状态。

“草畜平衡”看似简单,但是实施起来难度却不小。为了做到这一点，新西兰人对自己国家的气候和草场生长情况做了仔细的研究分析。由于雨水充足的时候也正是牧草生长旺盛的时间,为此新西兰农场主通过调整家畜的配种期，使家畜的数量变化曲线与牧草产量曲线保持一致,即让家畜产仔期与牧草生长高峰期重合,等到了牧草生长低谷期,则淘汰一些病畜幼畜,使总存栏量下降,减少对草的需求。

此外，新西兰农场主在不同的时期放养的畜群组成也有很大差别，比如在初春嫩草生长时，畜群主要由小羊羔组成，因为小羊吃得少，对正处于生长期的草场破坏较小。

大力建设人工草场也是实现“草畜平衡”的重要手段。在新西兰，人工草场面积占其国内草场总面积的65.7%。为了建设好人工草场，新西兰非常重视对草种的选择。经过100多年的研究试验，目前新西兰人工草场基本上都是以禾本科植物黑麦草和豆科植物三叶草两个草种为当家品种。豆科植物有两个特点：其一是蛋白质含量比较高，有利于家畜生长；其二是可以固氮，所以新西兰人工草场的氮肥用量非常少。一般来说，氮肥用量大很容易造成地下水污染。因此，这样选择草种还充分体现了新西兰人的环保意识。

通过对人工草场的科学管理，新西兰草场产量可以达到333～1000千克／亩，1亩地就可以养1.3～1.6只羊。

六、新西兰畜牧业的管理机制

新西兰对牧场经营者有着较为严格的行业准入制，不具备足够的专业知识，将无法取得牧场经营执照。在放牧管理上，新西兰实现了100%的围栏，并建立了科学完备的划区轮牧制度。放牧系统的高度围栏管理，使草地利用更为高效且使用寿命进一步延长，而且也节省了大量的人力。除少数特种家畜牧场外，绝大多数牧场无畜舍条件，绵羊等家畜常年放养在围栏内。从形式上看，这种放牧管理制度带有“野饲”特征——天牧。即便这种天牧管理方式，绵羊产羔率仍然可高达130%以上，繁殖成活率也大于110%。天牧管理制度是新西兰高效性草地畜牧业的一个特征，其成功在于：围栏内有较好的家畜夜宿条件，其中起伏的地形与其内林木树冠对家畜的保护起到至关重要作用；围栏内建立了完备的自动饮水系统；自然生态系统中，无大型野生食肉兽类及无人为偷盗。

第七章　非洲畜牧业——以南非为例

南非共和国位于非洲大陆最南端，北邻纳米比亚、博茨瓦纳、津巴布韦、莫桑比克和斯威士兰，东、南、西三面为印度洋和大西洋所环抱，地处两大洋间的航运要冲，地理位置十分重要。其西南端的好望角航线，历来是世界上最繁忙的海上通道之一，有"西方海上生命线"之称。南非国土面积有122万平方公里，人口约4690万(2005年统计数据)。全境大部分为海拔600米以上高原。德拉肯斯山脉绵亘东南，西北部为沙漠，是卡拉哈里盆地的一部分，北部、中部和西南部为高原，沿海是狭窄平原。大部分地区属热带草原气候，东部沿海为热带季风气候，南部沿海为地中海式气候。全境气候分为春夏秋冬四季。全年降水量由东部的1000毫米逐渐减少到西部的60毫米，平均450毫米。

南非属于中等收入的发展中国家。国内生产总值约占全非洲国内生产总值近20%，是非洲经济最发达的国家。南非基础设施良好，资源丰富，是世界五大矿产国之一，经济开放程度较高。矿业、制造业和农业是经济三大支柱，深矿开采技术在世界处于领先地位。南非的农业也较发达，主要农作物有：玉米、小麦、甘蔗、大麦等。蔗糖出口量居世界前列。正常年份粮食除自给外还可出口。南非的畜牧业相当发达，商品性畜牧业规模较大，但是其畜牧业也深受气候和环境的影响。南非的畜牧业产值已经超过了种植业。全国农耕地占10%左右，可灌溉地区占5%，干旱、半干旱地区占85%，湿润地区占15%。南非的牧草生长受雨量条件的制约呈现明显的季节性。畜牧业以草原畜牧业为主,分布大致是:东部主要是肉牛、奶牛、猪、家禽等优良品种及杂交种,是畜牧业最集中的地区;北部降雨少、温度高,只适宜饲养当地的品种;西南部几乎是沙漠,主要饲养美利奴细毛羊;南部沿海地带主要饲养良种奶牛和肉牛;西北部是野生动植物保护区。

一、南非主要畜牧业部门

养牛业。南非有牛 1340 万头,牛群主要分布在北开普、东开普、自由州和夸祖鲁—纳塔尔部分地区以及北方省。南非全国乳牛场分布很普遍,主要集中于自由州东部、北部,夸祖鲁—纳塔尔中草原,东西开普、豪腾省大都市区以及马普马兰加的南部地区。

养羊业。南非是非洲最大的养羊国,养羊业超过养牛业。养羊业以绵羊为主。1996 年的存栏数,绵羊 2890 万只,山羊 670 万只。1996 年羊的出栏量达到 1000 万只,所产羊毛 90%以上供出口。2002 年,南非羊肉产量达到 14 万吨,是世界主要的羊肉生产国家。南非的美利奴细毛羊和卡拉库尔羔羊闻名于世界。近年年产羊毛近 10 万吨,是世界第四羊毛出口地区。南非现有卡拉库尔羊 170 万只,羔羊皮出口量占世界的 1/10 左右。著名的美利奴细毛羊的主要饲养区在东、北开普省内陆高原、自由州以及马普马兰加省。有“黑色宝石”之称的卡拉库尔羊主要分布在西北部干燥地区。

二、南非草原畜牧业建设与管理

南非畜牧业以草原畜牧业为主,因此比较重视草原牧场的建设与草原的保护。南非通过发展人工种草、提高牲畜质量、治理虫害草地、实行科学饲养管理等措施实现了草原畜牧业的可持续发展。

(一)发展人工种草,实行围栏轮牧休牧

南非大部分地区干旱缺水，成为发展草地畜牧业的最大制约因素。畜牧业主要靠种植牧草和饲料作物来解决牲畜的饲料来源。因此,家庭牧场都十分重视利用雨季开展人工种草,尤其是在东部和沿海畜牧业比较集中地区的奶牛场和肉牛肥育场，几乎靠人工种草发展畜牧业。种草面积视饲养规模而定,以栽培禾本科牧草为主或禾本科与豆科牧草混播,选择耐旱、产草量高、草质较优的品种,如象草、非洲狼尾草、白水牛草、紫花苜蓿等。牧场主在牧草生长的雨季进行放牧利用;雨季结束后牧草因干旱缺水而干枯,其枯草的营养价值仍较高,还可在旱季(或冬季)放牧利用,但大多数牧场都在雨季刚结束时割草调制青干草。家庭农牧场在种植牧草的同时,一般都安排一定面积的土地种植玉米,作为枯草季节饲草料的主要来源。种植饲草料,实行机械化播种、收割和管理。人工种草,既发展了畜牧业,又恢复了草地植被。

与此同时,牧场主十分重视合理利用天然草地和人工草地。大力推广草地钢丝围栏技术，把草地围栏成 500 ~ 3000 亩的若干个小区,实行划区轮牧。在当地的春季,牧场主利用雨水和光热条件相对较好的季节,实行休牧,让草地有休养之机,使草地得到可持续利用。

(二)提高牲畜质量,实行草畜平衡

南非把减少牲畜数量、提高牲畜质量,既作为提高畜牧业经济效益的关键措施,又作为保护好草原的重要手段。除北部地区因温度高、降雨少,主要饲养当地的山羊品种外,其余地区都饲养良种畜和杂交种。肉牛品种主要是安格斯、夏洛来、海福特及其与本地牛的杂交种;奶牛品种以黑白花品种为主;南非是波尔山羊的原产地,山羊品种主要是波尔山羊;绵羊品种主要饲养美利奴细毛羊和杜泊肉绵羊。国家十分重视家畜良种的培育和推广,设立了国家和民间的良种公牛精液中心，专门向全国各地的奶牛场、肉牛肥育场提供优良种畜精液。全国基本形成了从国家、民间的良种精液中心到生产场的良种繁育推广网络体系。牧场主通过限制牲畜数量、提高牲畜质量的措施来提高畜牧业经济效益，并根据草地的生产能力来确定牲畜的饲养量，实行草畜平衡，既能避免破坏草原，有效保护草原，又能实现长久的经济效益，推进畜牧业的可持续发展。

（三）灭治草原蝗虫，治理虫害草地

南非蝗虫对草原的破坏十分严重，其飞行速度为 19 公里 / 小时，扩展速度非常快。在蝗虫危害区域每平方公里有蝗虫 4000~ 8000 万只，3400 只蝗虫一天的采食量相当于 1 只羊的采食量（1.5 千克干草），全国蝗虫每天要损失 6000 吨牧草。南非政府对治理草原蝗虫十分重视，建立了蝗虫预警制度，要求发现蝗虫必须立即上报，每年政府投资 3000 ~ 5000 万兰特专项用于灭治草原蝗虫。灭治方法主要是在草原专家的指导下，一般在蝗虫的产卵季节组织农牧民喷撒化学药剂灭治，取得了很好的效果。

（四）实行科学饲养管理，注重科研与生产结合

南非的草地畜牧业是以家庭牧场为基本生产单位，牧场主一般都有大专以上学历。从事农牧和生物技术科研、教学的专家、教授，大都有自己的农牧场，实行科学养殖，其生产经营和管理水平也较高。牧场主根据市场需求组织生产，并制定切实可行的年度生产经营计划，实行集约化经营、标准化生产，注重投入、产出之比，以提高效益。

参考文献

[1] 许涤新主编. 中国大百科全书·经济学Ⅲ. 中国大百科全书出版社,1988年.

[2] 中国统计年鉴. 中国统计出版社,1997-2002FAOSTAT数据.

[3] 中国农业百科全书总编辑委员会畜牧业卷编辑委员会. 中国农业百科全书·畜牧业卷. 农业出版社,1996年.

[4] 陈才主编. 世界经济地理. 北京师范大学出版社,2005年.

[5] 张同铸主编. 世界农业地理总论. 商务印书馆,2000年.

[6] 邓蓉等. 中国畜产品生产与贸易研究. 中国农业出版社,2004年.

[7] [日] 川野重任主编. 日本农业年鉴. 家之光协会出版,1993年版.

[8] 李建农, 胡晓鸣. 日本畜牧业生产的特点. 世界农业,1998(6).

[9] 赵芳. 日本畜牧业的产销经营及发展趋势. 农牧业研究.

[10] 苏雪梅. 德国畜牧业经济现状与启示. 中国牧业通讯,2005(9).

[11]徐万宝等. 德国牧业机械化考察见闻. 农村牧区机械化,2002(1).

[12] 何能学. 德国主要牧草品种选育概况. 四川草原,2002(2).

[13] 昝林森等. 世界肉牛业发展趋势. 世界农业,1997(11).

[14] 胡成华等. 国外肉牛生产特点及发展趋势概述. 吉林农

业科学,1997(1).

[15] 邱怀一等. 世界肉牛业. 草食家畜,1990(4).

[16] 昝林森等. 世界肉牛业发展趋势. 世界农业,1997(11).

[17] 田允波等. 现代肉牛业的特点. 世界农业,1997(6).

[18] 张国梁. 肉牛产业的现状与发展. 吉林畜牧兽医,2004年.

[19] 胡成波. 法国畜牧业主要特点及成功经验. 辽宁畜牧参考,2004(2).

[20] 周超. 法国畜牧业见闻及启示. 河南畜牧兽医,2003(6).

[21] 刘亚学. 美国畜牧业概况特点与启示. 吉林畜牧兽医,2005(2).

[22] 李玫,高俊岭. 巴西饲料工业现状. 国际饲料,2004(10).

[23] 王俊东, 孙晋红. 澳大利亚畜牧业概况. 山西农业大学学报.

[24] 王德. 澳大利亚畜牧业考察报告. 黑龙江畜牧兽医,1998(4).

[25] 李柱. 对澳大利亚畜牧业的印象与思考. 草食家畜,2000(2).

[26] 新西兰畜牧业现状. 云南农业,2004(4).

[27] 赵勇等. 南非草原生态恢复与“三化”草地治理考察报告. 四川草原,2004(3).

[28] 莽萍. 再说动物福利. 南方周末,2003-12-11.

[29] 李卫华, 于丽萍等. 国际动物福利现状及分析. 中国家禽,2004,26(17).

[30] 胡晓, 阵苏根. 国外高科技畜牧业发展动向. 华东科技,1998(5).

[31] 蒋韬敏. 二十一世纪有机畜牧业将方兴未艾. 市场纵横,2000(11).